Geschichte und Geschehen

Epochenjahr 1917

Autor:
Dr. Tobias Arand (Heidelberg)

Ernst Klett Verlag
Stuttgart · Leipzig

Bildnachweis

Umschlag: ullstein bild, Berlin; **5:** Klett-Archiv, Stuttgart; **6:** Klett-Archiv, Stuttgart; **7:** defd, Hamburg; **9:** The Kobal Collection (Universal), London; **11:** aus: Schulbuch „Volkwerden der Deutschen" 5 (5. Klasse der weiterführende Schule = Klasse 10), bearb. v. Moritz Edelmann und Karl Disch. Leipzig, Berlin 1939; **13:** Galerie Albstadt, Städtische Kunstsammlungen, Sammlung Walter Groz (Inv. Nr. SWG 80/23), Otto Dix, (c) VG Bild-Kunst, Bonn 2007; **14:** aus: Illustrierte Geschichte des Krieges 1870/71. Stuttgart, Berlin, Leipzig 1896.; **15:** ullstein bild, Berlin; **22:** ullstein bild (Granger Collection), Berlin; **23:** Imperial War Museum, London; **24:** ullstein bild, Berlin; **25** oben: ullstein bild, Berlin; **25** unten: BPK, Berlin; **26:** AKG (Jean-Pierre Verney), Berlin; **27:** Bridgeman Art Library (Charmet/Kunstgewerbe Museum Zürich), Berlin; **28** links: aus: Ausstellungskatalog Industriemuseum Osnabrück, Der Tod als Maschinist – Der industrialisierte Krieg 1914–1918, Bramsche 1998; **28** rechts: DHM, Berlin; **30** oben: Stedelijke Musea Ieper, Ieper; **30** Mitte: ullstein bild, Berlin; **30** unten: ullstein bild (Simon), Berlin; **31** oben: Süddeutscher Verlag, München; **31** unten: Bibliothek für Zeitgeschichte in der Württembergischen Landesbibliothek; **34:** Corbis (Bettmann), Düsseldorf; **35:** aus: Die stählernen Jahre, 1914/1918, Das deutsche Buch vom Weltkrieg, Werner Beumelburg; **36:** Corbis (Underwood & Underwood), Düsseldorf; **37** oben: Corbis (Bettmann), Düsseldorf; **37** unten: Interfoto (Alinari), München; **38:** Corbis (Bettmann), Düsseldorf; **39:** Interfoto (Friedrich), München; **41:** Corbis (David Pollack), Düsseldorf; **44:** Getty Images (Hulton Archive), München; **45:** Corbis (David Pollack/K.J. Historical), Düsseldorf; **46** oben: Corbis (Bettmann), Düsseldorf; **46** unten: ullstein bild (Granger Collection), Berlin; **49:** Klett-Archiv (Tobias Arand, Heidelberg), Stuttgart; **51:** Interfoto (Hermann Historica), München; **52:** ullstein bild, Berlin; **54:** aus: Udo Achten (Hrsg.): Der wahre Jacob. Ein halbes Jahrhundert in Faksimiles. Dietz Nachf., Bonn 1994; **59:** BPK, Berlin; **60** oben: VG Bild-Kunst, Bonn 2007; **60** unten: Visum, Hamburg; **61** oben: Interfoto (Bettmann), München; **61** unten: ullstein bild, Berlin;

Nicht in allen Fällen war es uns möglich, den Rechteinhaber der Abbildungen ausfindig zu machen. Berechtigte Ansprüche werden selbstverständlich im Rahmen der üblichen Vereinbarungen abgegolten.

1. Auflage 1 5 4 3 2 1 | 2011 2010 2009 2008 2007

Alle Drucke dieser Auflage sind unverändert und können im Unterricht nebeneinander verwendet werden. Die letzten Zahlen bezeichnen jeweils die Auflage und das Jahr des Druckes.

Internetadresse: www.klett.de

Autor:
Dr. Tobias Arand, unter Mitwirkung von Signe Barschdorff, Ben Niehues und Annekatrein Löw

Redaktion: Dr. Björn Opfer
Herstellung: Sabine Artner

Reproduktion: Meyle + Müller, Medien-Management, Pforzheim
Kartenbearbeitung: Ingenieurbüro für Kartografie Joachim Zwick, Gießen
Kartografische Büro Borleis & Weis, Leipzig
Umschlagbild: Lenin spricht vor dem 2. Sowjetkongress im Smolny-Palast in St. Petersburg am 26.10.1917, Gemälde ca. 1927

Druck: Druckhaus Götz, Ludwigsburg
Printed in Germany

ISBN-13: 978-3-12-430025-6

9 783124 300256

Inhalt

I Einführung in die Methodik und theoretischen Grundlagen dieses Materialheftes

Was möchte dieses Materialheft erreichen?
Das vorliegende Materialheft ist eine Reaktion auf die Einführung des Zentralabiturs. Es soll Schülerinnen und Schülern dabei helfen, sich für das Zentralabitur im Fach Geschichte auf den Themenkomplex ‚Epochenjahr 1917' vorzubereiten. Allerdings liegt es nicht in der Absicht dieses Materialheftes, den Schülerinnen und Schülern einen Kanon unverrückbarer und für alle Zeiten gültiger so genannter historischer ‚Fakten' zum Auswendiglernen zu präsentieren. Die Entscheidung gegen die Vermittlung von ‚Fakten- und Kanonwissen' zum Bestehen einer eng umrissenen Abituraufgabe beruht auf theoretischen Grundannahmen, die im Folgenden ebenfalls thematisiert werden sollen. Über die Beschäftigung mit dem ‚Epochenjahr' hinaus, wird die Leserin/der Leser also angeleitet, sich auf einer zweiten Ebene auch auf Geschichtstheorie einzulassen. Möglicherweise geraten dabei manche bisherigen Ansichten über Geschichte ins Wanken. Das Materialheft möchte also Wissen vermitteln, zugleich aber auch dazu beitragen, das vermittelte Wissen selbst und die Erkenntniswege, die zu diesem Wissen geführt haben, zu reflektieren. So möchte dieses Heft vor allem dies: Die Leserin/der Leser soll am Ende das hier behandelte historische Thema ‚Epochenjahr 1917' – anknüpfend an die auch schon zuvor im Geschichtsunterricht erlernten Kompetenzen – eigenständig historisch denkend betrachten können statt rein rezeptiv Informationen nur zur Kenntnis zu nehmen.

Wie ist das Materialheft strukturiert?
Das Heft ist in fünf Kapitel gegliedert, die jeweils mit einem Einführungstext versehen sind. Nach dem Einführungstext folgen Arbeitsmaterialien, an denen die Aussagen des Begleittextes überprüft, vertieft oder erweitert werden sollen. Den Arbeitsmaterialien sind keine Arbeitsaufträge zugeordnet. So fordert dieses Materialheft die Leserin/den Leser auf: Folge nicht nur einem schon vorgegeben Wege, sondern finde Deine eigene Frage! Die Materialien sind auch nicht nummeriert. Auf diese Weise wird keine Reihenfolge ihrer Benutzung vorgeschlagen. Allerdings sind sie in Materialgruppen geordnet (z. B. I Ma = Kapitel I, Materialgruppe ‚a'). Diese Materialgruppen sind Vorschläge, die sich aus der Logik der Begleittexte ergeben. Einer freien In-Beziehung-Setzung einzelner Materialien gegen diese Logik steht dennoch nichts entgegen, schließlich kommt es auf die Fragen an, die an die Materialien gestellt werden!
Diese Verfahren sind allerdings zeitaufwendig und fordern eine große Bereitschaft zum eigenen Mitdenken und Finden von Problemfragen. Auch ist der Unterrichtsgang so nicht exakt vorherzuplanen. Aus diesem Grund sind am Ende eines Kapitels Arbeitsaufträge beigefügt. Allerdings sollten auch diese Arbeitsaufträge nur als Vorschläge betrachtet werden, zu denen es auf jeden Fall ebenso sinnvolle Alternativen geben kann. Häufig ist das Finden von Fragen spannender und lehrreicher als das Beantworten schon vorgedachter Aufgaben.

Zugrunde gelegte Geschichtstheorie – In welchem Verhältnis stehen Vergangenheit, Geschichte und Gegenwart?
Vergangenheit, Geschichte und Gegenwart stehen in einem unmittelbaren wechselseitigen Verhältnis. Der aus heutiger Sicht unvorstellbar brutale Erste Weltkrieg gehört sicher zu den besonders schwer nachzuvollziehenden Ereignissen der Vergangenheit. Betrachtet man das Foto eines Soldaten aus jener Zeit, so blickt man in die Augen eines Vertreters einer für die heutigen europäischen Menschen rätselhaften Zeit von Gewalt und übersteigertem Nationalismus. Für den Soldaten selbst aber mag die Zeit, die er erlebte, in jenem Augenblick, in dem sie geschah, keineswegs rätselhaft gewesen sein. Die Ereignisse, die erst im Nachhinein ‚Geschichte' genannt und im wissenden Rückblick geordnet und gewertet (in diesem Text: ‚unvorstellbar brutal', ‚rätselhaft', ‚schwer nachzuvollziehen') werden, waren für ihn ja lebendige Gegenwart. Und in dieser Gegenwart mögen ihm die Ereignisse, die uns heute vielleicht in ihrer Gewalttätigkeit fern sind, durchaus logisch in ihrer Abfolge, bei aller Brutalität vielleicht sogar angemessen erschienen sein – so sehen die Lebenden über die zeitliche Distanz

I Ma **Feldpostkarte von Albin Helwig vom Oktober 1917, Vorderseite mit Foto, 14 × 9 cm**

hinweg dieselben Ereignisse mit anderen Augen als sie die längst Verstorbenen betrachtet haben. Dieses ‚Mit-anderen-Augen-sehen' ist das Ergebnis des oben angesprochenen wechselseitigen Verhältnisses: Der Mensch auf dem Foto ist vergangen, seine damalige Gegenwart ist heute Vergangenheit, die erst in einer späteren Gegenwart – z. B. der Gegenwart des Jahres 2007 – zu Geschichte ‚verarbeitet' wird.

Wie wird Geschichte ‚gemacht'?

So sind Geschichte und Vergangenheit also keineswegs identisch, sondern das eine ist ein Konstrukt, um das andere zu erklären und zu bewerten. ‚Geschichte' ist ein Produkt, das unter Verwendung von Zeugnissen aus der Vergangenheit (‚Quellen') erstellt wird, um sich dieser Vergangenheit anzunähern. Das Produkt ‚Geschichte' ist aber nicht die Vergangenheit selbst, so wenig wie die Quellen mehr als nur Zeugen der Vergangenheit sind. Geschichte ist so kein Abbild der Vergangenheit, sondern etwas eigenständiges, das sich nur mit Vergangenheit auseinandersetzt. Da das Produkt ‚Geschichte' in einer jeweiligen Gegenwart hergestellt wird, die selbst rasch wieder Vergangenheit ist, scheint es nachvollziehbar, dass auch das Produkt veränderlich ist. Was also heute als Faktenwissen der Geschichte gilt, kann in zehn Jahren schon wieder überholt sein! Doch die Geschichtswissenschaft kommt nicht nur im Wandel der Zeit keineswegs zu immer denselben Ergebnissen. Auch von Land zu Land kann der Zugriff der Produzenten von ‚Geschichte' bei demselben historischen Thema trotz gleichzeitiger Produktion unterschiedliche Resultate ergeben. Es ist also geboten, jeder Form von vermeintlich historischem Faktenwissen zumindest insofern zu misstrauen, als stets die Vergänglichkeit und politische oder nationale Standortgebundenheit des Wissens gegenwärtig sein sollte. Ein Fall, bei dem diese Vorsicht besonders geboten ist, sind Veröffentlichungen aus den Jahren 1933 bis 1945, die sich auch in diesem Buch befinden! Doch auch am Exempel des Ersten Weltkriegs können diese Zusammenhänge recht einfach nachvollzogen werden. Darüber, dass der Krieg von August 1914 bis November 1918 gedauert hat, wird es recht schnell Konsens zwischen Historikerinnen oder Historikern gleich welcher Zeit oder welcher Herkunft geben. Doch bei der Frage nach der Schuld am Kriegsausbruch wird dies schon wieder ganz anders aussehen.

Was sind historische Quellen?

Bei der Produktion von Geschichte greift die Geschichtswissenschaft auf Quellen zurück, die unmittelbare Hinterlassenschaften eines bestimmten historischen Ereignisses und seiner Zeitzeugen sind. Im Fall des Ersten Weltkriegs können dies z. B. alte Waffen, Feldpostkarten oder -briefe, Tagebücher, Fotografien sein. Im folgenden Beispiel ist dies der Text auf der Rückseite der Feldpostkarte, auf deren Vorderseite das Foto des Soldaten zu sehen ist. Viele Soldaten ließen sich im Felde photographieren und verschickten ihr Foto dann als Postkarte in die Heimat: „Im Felde, d. 4.10.17 – Meine Lieben! Sonst noch gesund, hoffe das selbe. Wo steckt Gustav? Warum schreibt der nicht? Schreibt bald wieder. Gruß an Alle. Nun seid vielmals gegrüßt von Eurem Albin Helwig". Die Wissenschaftlerin/der Wissenschaftler rekonstruiert mit Hilfe der Quelle die vergangenen Ereignisse und versucht sich so objektiv wie möglich der Vergangenheit anzunähern. Quellen wie der Feldpostkarte lassen sich neben persönlichen Informationen – wie z. B. die Sorge um einen gewissen „Gustav" – auch Sachinformationen über den Dargestellten entnehmen: So ist ein schwarzweißes Band an der Knopfleiste der Uniform Helwigs auf Brusthöhe zu erkennen – ein Zeichen dafür, dass er einen militärischen Orden, das Eiserne Kreuz II. Klasse, erhalten hat. Die weiteren Details seiner Uniform weisen ihn als Unteroffizier aus, wobei eine ganz genaue Angabe seines Ranges nicht möglich ist. Das geschätzte Alter von etwa Mitte 40 lässt aber auf einen Feldwebel schließen. Seine selbstbewusste Haltung auf dem Pferd zeigt zum einen, dass es sich um ein für den Fotografen gestelltes Bild handelt, lässt aber zum anderen auch Rückschlüsse auf das soldatische Selbstbild von Albin Helwig zu. Der insgesamt knappe und angesichts der Situation, in der er sich „im Felde" befunden haben dürfte, recht dürre Text, könnte darüber hinaus darauf hinweisen, dass es sich hier um einen von vielen vergleichbaren Fällen für Selbstzensur aus Angst vor den Militärbehörden, die die Post kontrollierten, handelt.

II Ma **Feldpostkarte von Albin Helwig (Rückseite)**

Was ist Geschichtskultur?

Die Geschichtswissenschaft muss sich bei der Verarbeitung eines vergangenen Ereignisses zur Geschichte neben den Quellen wie z. B. Feldpostkarten mit schon älteren Geschichtsprodukten zu diesem Ereignis auseinandersetzen. Diese älteren Geschichtsprodukte sind die Rekonstruktionen und Deutungen anderer Historikerinnen und Historiker bzw. anderer Menschen, die sich bereits mit dem, jeweiligen Thema beschäftigt haben. So ist zwischen dem aktuellen Geschichtsprodukt in der Gegenwart und den Quellen aus der Zeit des vergangenen Ereignisses selbst noch eine Ebene der älteren Geschichtsproduktion zwischengelagert, die auch in der Gegenwart Einfluss auf die rückblickende Wahrnehmung des Ereignisses hat. Wer also heute z. B. ein Buch über die Schlacht von Verdun im Jahre 1916 schreiben würde, könnte dies nicht allein auf Grundlage des reichen Quellenmaterials, sondern müsste sich auch mit den hunderten von Büchern zu diesem Thema beschäftigen, die seit Kriegsende hierzu geschrieben wurden. Geschichtsprodukte wie z.B. diese Bücher werden unter dem Begriff ‚Geschichtskultur' zusammengefasst. Auch sie haben Quellenwert. Zur Geschichtskultur gehören alle länger vergangenen, aber auch jüngeren Geschichtsprodukte, die sich rückschauend mit einem Ereignis beschäftigen, dabei natürlich auch deuten und ganz eigene Sichtweisen auf das Ereignis bewirken. Zum Bereich der Geschichtskultur gehören im Fall des Ersten Weltkriegs insbesondere Gefallenendenkmäler, historische Romane wie „Im Westen nichts Neues", historische Spielfilme wie „Westfront 1918" (1930) oder „Merry Christmas" (2005), aber auch wissenschaftliche Geschichtsbücher, Fernsehdokumentationen, Texteditionen von Kriegsbriefen, historische Ausstellungen.

Der Unterschied zwischen einer Quelle und einem Produkt der Geschichtskultur lässt sich an einem Beispiel aufzeigen. Die Feldpostkarte von Albin Helwig ist eine unmittelbare Quelle, die sich unter Bezugnahme auf andere Quellen deuten lässt. Die edierten „Kriegsbriefe gefallener Studenten", die der Freiburger Literaturprofessor Philipp Witkop bereits während des Krieges herauszugeben begann und die noch lange nach Kriegsende populäre Lektüre in Deutschland waren, sind Teil der Geschichtskultur. Die Briefe sind aus einer großen Menge ausgewählt, textkritisch überarbeitet worden und vor allem sind sie Teil einer bewussten Meinungsbildung über den Krieg. In seinem Vorwort zur so genannten „Volksausgabe" der Kriegsbriefe von 1933 schreibt Witkop: „In den Tagen, da Deutschland verjüngt und verantwortungsvoll sich auf seine nationale Würde und Erneuerung besinnt, wird eine Volksausgabe der Kriegsbriefe gefallener Studenten zur vaterländischen Forderung. Haben diese doch den Gedanken der nationalen und sittlichen Erneuerung in Schlacht und Grauen und Todesbereitschaft zuerst erlebt […]. Deutschland! Vaterland!" (Witkop 1933, S. 5).

Wenn die Historikerin/der Historiker dann in der strukturierenden und bewertenden Auseinandersetzung mit Quellen (wie Feldpostkarten) und den älteren Geschichtsprodukten (wie der Textedition Witkops) ein neues Geschichtsprodukt herstellt, ist dies selbstverständlich auch wieder ein Teil von Geschichtskultur.

Abschließend ist es wichtig, noch einmal zu erwähnen – und die Beispiele haben dies auch schon gezeigt – dass die Produzenten von Geschichtskultur keineswegs immer nur Historikerinnen oder Historiker sind, sondern auch Literaten, Filmemacher oder sonstwie an einem Thema interessierte Menschen sein können.

Was ist eine Narration?

Das Wort ‚Narration' leitet sich aus lat. ‚narrare' (‚erzählen') ab. Jedes Geschichtsprodukt möchte die eigene Sicht auf ein vergangenes Ereignis vermitteln. Es möchte gelesen werden. Dies ist denkbar als schriftlicher Text, wie in einem Buch, oder als Bild- und Symbolsprache, wie z. B. in einem Gemälde oder einem Denkmal, aber auch als Mischform aus Text (lat. ‚Gewebe') und Bild, wie z. B. im Film. Alle Zeichen, also nicht nur Buchstaben (!), ergeben Text. Das, was diese Texte an Inhalten und Deutungen vermitteln, nennt man Narration. Eine sehr wichtige gedankliche Operation bei der Beschäftigung mit Geschichtsprodukten ist die Dekonstruktion (‚Entschlüsselung') von Narrationen. Im Falle der Ausführungen Witkops ist die Entschlüsselung recht einfach: Die Kriegsbriefe werden in einen national-patriotischen Wertungskontext gestellt. Sie sind so ausgewählt, dass sie die These Witkops stützen, so wie die deutsche akademische Jugend sei ganz Deutschland mit Begeisterung und Glauben an die ‚gute Sache' in den Krieg gezogen. Bei einem Kriegerdenkmal kann die Dekonstruktion schon schwieriger sein, da sich hier eine größere Zahl an Textelementen finden kann. Bei einem Kriegerdenkmal besteht der Text häufig aus Wörtern, wie z. B. ‚Sie fielen für Deutschland', aus Symbolen – Kreuz, Schwert, Adler o. ä.' aus konkreten Darstellungen wie einer Soldatenfigur und natürlich aus dem gewählten Material (Granit,

I Mc **Filmplakat zu „Merry Christmas" (2005).**

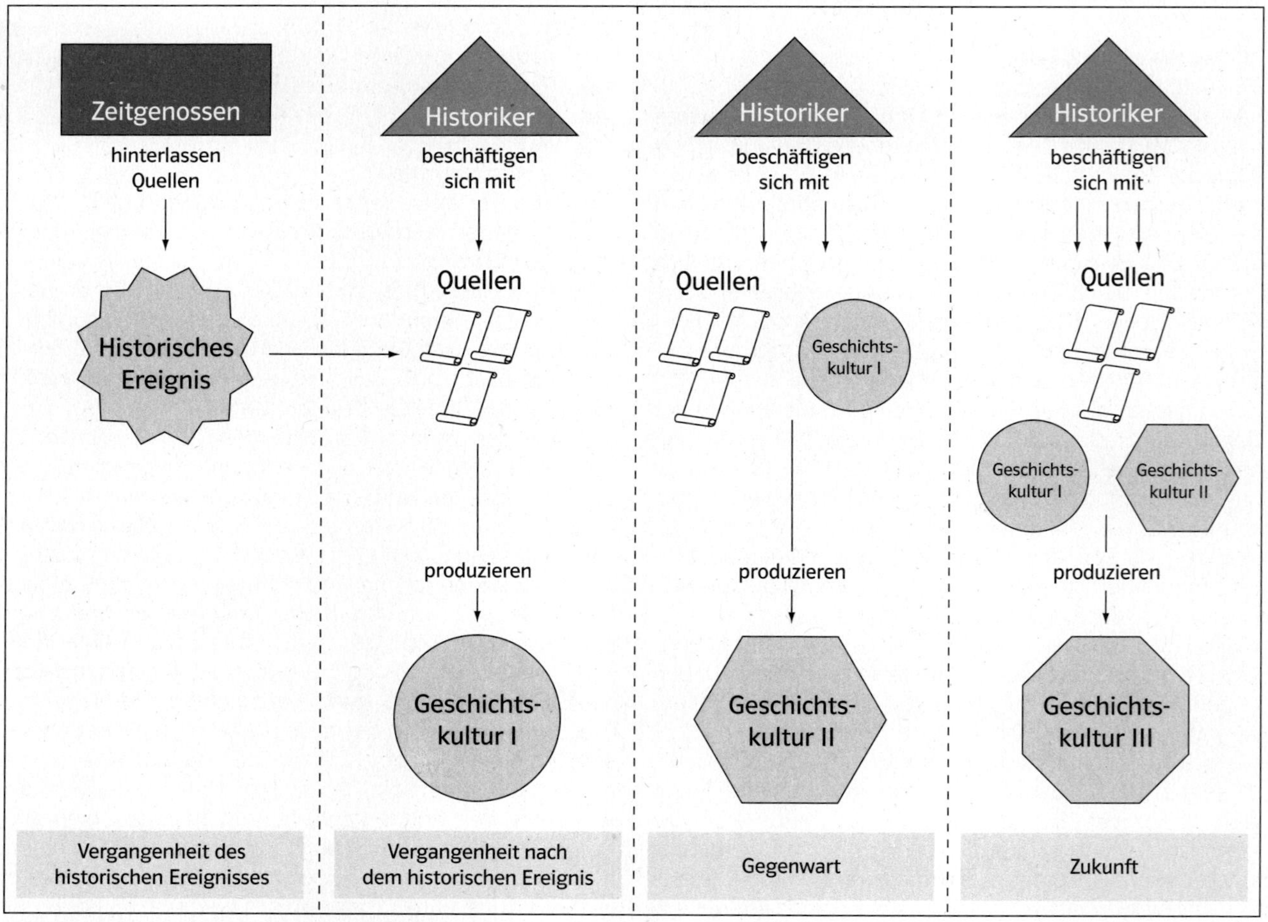

Entstehungsprozess von ‚Geschichtskultur'

Marmor, Sandstein usw.). Alle Elemente zusammen ergeben die Narration des Textes.
Doch nicht nur propagandistische, auch wissenschaftlich seriöse Geschichtsprodukte, die sich mit der größten Sorgfalt um Genauigkeit und Objektivität bemühen, sind zwangsläufig voller Deutungen, die sich z. B. durch die Auswahl des Quellenmaterials oder die Fragestellung ergeben. Also produzieren auch diese Texte Narrationen.

Was ist ein Geschichtsbild?

Die Produkte der Geschichtskultur vermitteln häufig so genannte ‚Geschichtsbilder'. Geschichtsbilder sind starre, nicht hinterfragte Vorstellungen von vergangenen Ereignissen oder Personen. Oft dienen Geschichtsbilder auch dazu, die Gegenwart zu erklären oder die Zukunft zu deuten. Deutsche Geschichtsbücher nach 1918 behaupteten in der Regel, Deutschland sei vor dem Ersten Weltkrieg von ‚einer Welt von Feinden' umzingelt gewesen und daher unschuldig am Kriegsausbruch. Dies ist ein Geschichtsbild, da eine bestimmte, hier auch sehr einseitige Deutung eines vergangenen Ereignisses zur allein gültigen Deutung dieses Ereignisses erklärt wird und dem Leser keine Möglichkeit gegeben wird, diese anzuzweifeln. Auch die Vorstellung, dass alle Deutschen im Kaiserreich Uniform getragen hätten, wie es gern außerhalb Deutschlands behauptet wurde, um den angeblichen deutschen Militarismus als Grund für den Krieg anführen zu können, ist ein Geschichtsbild.

Was bedeutet der Begriff ‚Geschichtsbewusstsein'?

Das Problem bei Geschichtsbildern ist, dass die meisten Menschen, die sich nicht professionell mit Geschichte beschäftigen, diese Geschichtsbilder mit der tatsächlichen Vergangenheit verwechseln. Wer sich so mit Geschichte beschäftigt, hat zwar oft ein Bewusstsein dafür, dass die Gegenwart durch Ereignisse der Vergangenheit geformt wurde, und möchte durch das Wissen um diese vergangenen Ereignisse die Zukunft beeinflussen. Es fehlt aber an einer zentralen Fähigkeit, die in der Geschichtsdidaktik als ‚Geschichtsbewusstsein' bezeichnet wird. Geschichtsbewusstsein hat aber der, der sich genau der Erkenntnisprobleme bewusst ist, die hier zuletzt besprochen wurden. Geschichtsbewusstsein hat, wer Folgendes versteht: Geschichte ist das, was die jeweilige Gegenwart aus der Vergangenheit macht. Geschichtsbewusstsein ist das Wissen, dass Geschichte etwas in der veränderlichen Gegenwart Gemachtes ist, um die Vergangenheit zu verstehen, zu bewerten und aus diesem Verständnis heraus Gegenwart und Zukunft zu gestalten. Geschichtsbewusstsein erkennt Geschichtsbilder als zeitgebundene Deutungen und verwechselt diese nicht mit der Vergangenheit.
Das oberste Ziel jeder Geschichtsvermittlung – ob im Museum, im Fernsehen oder in der Schule – sollte es sein, Geschichtsbewusstsein zu vermitteln. Erst mit Geschichtsbewusstsein können die Daten und ‚Fakten' der Vergangenheit zu sinnvollen Strukturen geordnet werden und kann vor allem über die Daten- und Faktenebene hinaus eigenständig historisch gedacht werden!

I Ma Brief des Theologiestudenten Karl Schenkel, geb. 18. Juni 1892, gef. 5. Mai 1917 bei Douai

Arrasfront, 20. April 1917

Ihr wisst, dass die Lage hier alles eher war als rosig, da wir kamen. 8 Kilometer war der Engländer durchgestoßen in einem Zug. Vor uns lag ein dünner Infanterieschleier und die Engländer dort, wo unsere schweren Geschütze waren. Hinter unserem Abschnitt als einziges, was gerettet war, 5 schwere Haubitzen [Kanonen] ohne Munition und wenige Feldkanonen. So griffen wir ein. Der Gegner mit Tanks [Panzer] und Kavallerie und dickem Haufen Infanterie. Wir ganz auf unsere Gewehre und Maschinengewehre angewiesen. Aber vom ersten Augenblick an völlige Ruhe. ‚Wenn sie Kerle wären, Deutsche, wären sie längst durch.‘ Das war der allgemeine Eindruck. Mit einer Ruhe und Sicherheit, die bloß deutsch ist, kamen Tag und Nacht die Verstärkungen. Nach 2–3 Tagen hatten wir eine Artilleriemasse beisammen, dass den Engländern kein Angriff mehr gelang. Wunderbarerweise war die Stimmung auch bei starkem Feuer und wo es Verluste gab, durchaus sicher und getrost. Das ist für Euch daheim ein tiefer Grund der herzlichen Dankbarkeit nicht gegen uns – wir tun unsere Pflicht und machen unsere Stimmung nicht selber –, aber gegen Gott. Ihr wisst, dass die nächste Zeit von uns Ströme von Blut fordern wird, fordern muss. Wer um so Hohes streitet, der muss alles daransetzen. Wer weiß, wie bald auch uns selber oder einem Lieben die letzte Stunde schlägt. Was dann? Ich bitte Euch herzlich um das eine: sorgt Euch nicht um mich. In uns ist das Lebensgefühl nie so stark gewesen wie jetzt. Und wenn einmal von uns das letzte Opfer gefordert wird, dann lasset alles unnötige Klagen und Zusammenbrechen, denn der Krieg ist für uns gerade in solchen Augenblicken eine Glaubensprobe. Traurig sein, ja, das können wir nicht anders machen, aber zweierlei können wir: für uns aus dem Schmerz einen Segen schaffen und – anderen ein Vorbild sein.

Witkop, Philipp (Hrsg.): Kriegsbriefe gefallener Studenten. Volksausgabe. o.O. 1933. S. 293.

I Mb Der Historiker Leopold von Ranke (1795–1885)
formuliert das Ziel seiner Untersuchung über die Geschichte der romanischen und germanischen Völker:

Man hat der Historie das Amt, die Vergangenheit zu richten, die Mitwelt zum Nutzen zukünftiger Jahre zu belehren, beigemessen: so hoher Aemter unterwindet sich gegenwärtiger Versuch nicht: er will blos zeigen, wie es eigentlich gewesen.“

Ranke, Leopold von: Sämtliche Werke. Bd. 33/34. Leipzig 1886. S. 7

I Mb Karl-Ernst Jeismann: Geschichtsbewusstsein

‚Geschichtsbewusstsein meint die ständige Gegenwärtigkeit des Wissens, dass der Mensch und alle von ihm geschaffenen Einrichtungen und Formen seines Zusammenlebens in der Zeit existieren, also eine Herkunft und eine Zukunft haben, dass sie nichts darstellen, was stabil, unveränderlich und ohne Voraussetzungen ist.‘ (Theodor Schieder). Mehr als bloßes Wissen oder reines Interesse an der Geschichte umgreift Geschichtsbewusstsein den Zusammenhang von Vergangenheitsdeutung, Gegenwartsverständnis und Zukunftsperspektive.

Da ‚Geschichte‘ aber nicht als Abbild vergangener Realität, sondern nur als ihre aus Zeugnissen erstellte, auswählende und deutende Rekonstruktion ins Bewusstsein treten kann, ist Geschichtsbewusstsein die Art, in der Vergangenheit in Vorstellung und Erkenntnis gegenwärtig ist […]. Von dieser Beschreibung des Geschichtsbewusstseins als Wissen um die Geschichtlichkeit ausgehend, das Vergangenheit, Gegenwart und Zukunft als Horizont des gegenwärtigen Bewusstseins begreift, hat die theoretische Diskussion in den letzten zwei Jahrzehnten zu einer genaueren Explikation des Begriffes geführt. […] Geschichtsbewusstsein setzt zunächst das Wissen voraus, dass die Rekonstruktion von Vergangenheiten notwendig an die Erkenntnismöglichkeiten, die Deutungswünsche, die lebensweltlichen Fragestellungen einer Gegenwart gebunden ist. Diese Bestimmung setzt das Geschichtsbewusstsein ab vom ‚Geschichtsbild‘, in dem Vergangenheitsverständnis zum gültigen Abbild der Geschichte erstarrt. Geschichtsbilder gehören zur historischen Dimension der ‚gesellschaftlichen Konstruktion der Wirklichkeit‘. Geschichtsbewusstsein lässt solche Geschichtsbilder als Ausdruck einer in den Erfahrungen und Bedürfnissen einer historischen Gemeinschaft wurzelnden Vergangenheitsdeutung erkennen und in ihrer Partialität wie Historizität begreifen. Es analysiert die rationalen Legitimationsstrategien der Geschichtsbilder – die Analogieschlüsse und Kontinuitätsbehauptungen, die Symbole und Dokumentationen emotionaler Bestätigung – als Elemente von Überzeugungssystemen und bestreitet deren Absolutheitsanspruch.

Jeismann, Karl-Ernst: Geschichtsbewußtsein – Theorie, in: Bergmann, Klaus, u.a. (Hrsg.): Handbuch der Geschichtsdidaktik. Seelze-Velber 1997. S. 42.

I Mc Filmplakat zu „All Quiet on the Western Front“ (Im Westen nichts Neues“), USA 1930

1

I Mb Hans-Jürgen Pandel 2006 über: Geschichtskultur

Geschichtskultur – Geschichtskultur bezeichnet die Art und Weise, wie eine Gesellschaft mit Vergangenheit und Geschichte umgeht. In ihr wird das Geschichtsbewusstsein der in der Gesellschaft Lebenden praktisch und äußert sich in den verschiedensten kulturellen Manifestationen (neben Geschichtsschreibung vor allem Bildende Kunst, Belletristik, Historienfilme, Gedenkreden, Geschichtspolitik, Living history etc.). Geschichtskultur erzeugt neue Perspektiven auf Vergangenheit und macht neue Sinnbildungsangebote. In ihr geht es nur zum Teil um die von der Geschichtswissenschaft erforschten und dargestellten historischen Sachverhalte. [...] Es geht um die imaginative, ästhetische, inszenierte, [...] rhetorische, diskursive Verarbeitung von Geschichte. Aber auch Lügen und Legenden gehören zur Geschichtskultur. [...] Geschichtsdidaktik und Geschichtsunterricht fühlten sich bisher kaum für die nicht-wissenschaftsförmigen Geschichtsverarbeitungen zuständig, obwohl Schülerinnen und Schüler nach ihrer Schulzeit noch mindestens 60 Jahre ihrer Lebenszeit von stets neuen geschichtskulturellen Aktivitäten und Produkten umgeben sind.

Pandel, Hans-Jürgen: Geschichtskultur, in: Wörterbuch Geschichtsdidaktik, hrsg. v. Mayer, Ulrich, u. a. Schwalbach/Ts. 2006. S. 74.

I Mb Nordrhein-westfälische Lehrplan für Gymnasialen Geschichtsunterricht Sek. II 1999

In Weiterführung der Intentionen des Geschichtsunterrichts der Sekundarstufe I steht auch in der gymnasialen Oberstufe Aufbau und Weiterentwicklung des Geschichtsbewusstseins im Mittelpunkt der Lernprozesse. Dabei werden mit den Lernenden nicht nur die Deutungen historischer Fakten und Zusammenhänge in ihren Besonderheiten erarbeitet, sondern auch die Grundmuster der historischen Sinnbildung selbst und deren Wirkung bewusst gemacht.

Ministerium für Schule und Weiterbildung, Wissenschaft und Forschung des Landes Nordrhein-Westfalen (Hrsg.): Richtlinien und Lehrpläne für die Sekundarstufe II – Gymnasium/Gesamtschule. Geschichte. Frechen 1999. S. 7.

I Md Kriegsschuldparagraf Artikel 231 des Versailler Vertrages vom 28. Juni 1919

Die alliierten und assoziierten Regierungen erklären und Deutschland erkennt an, dass Deutschland und seine Verbündeten als Urheber aller Verluste und aller Schäden verantwortlich sind, welche die alliierten und assoziierten Regierungen und ihre Angehörigen infolge des ihnen durch den Angriff Deutschlands und seiner Verbündeten aufgezwungenen Krieges erlitten haben.

Artikel 231 des Vertrages von Versailles, 28. 6. 1919, in: Hirschfeld, Gerhard, u. a.(Hrsg.): Enzyklopädie Erster Weltkrieg. Paderborn, München, Wien, Zürich 2003. S. 661.

I Md Rudolph Stratz 1933 über den Beginn des Ersten Weltkrieges

Deutschland war das Reich des Friedens. 43 Jahre bestand 1914 das zweite Kaiserreich, Bismarcks Werk, in Kraft und Herrlichkeit. [...] In diesem Zeitraum, von 1871 bis 1914, hat Deutschland weder in Europa noch sonst irgendwo auf der Erde auch nur einen einzigen Flintenschuss gegen irgendeinen Menschen weißer Rasse abgefeuert. Das Deutsche Reich war der Friede. Der Kaiser wollte den Frieden. Das Volk wollte den Frieden. Von 1914 bis 1918 erklärten dem deutschen Kaiserreich folgende Staaten, meist ohne jeden Grund, den Krieg: Großbritannien, die Vereinigten Staaten von Amerika, China, Japan, Brasilien, Belgien, Griechenland, Bolivien, Peru, Ekuador, Guatemala, Honduras, Nikaragua, Panama, Kuba, Uruguay, die Negerrepubliken Haiti und Liberia und der König des Hedschas [der Hedschas ist ein Gebiet im heutigen Saudi-Arabien]. Das heißt: eine Milliarde Menschen – mehr als die Hälfte aller Erdbewohner – brach von sich aus die friedlichen Beziehungen zu Deutschland ab.

Stratz, Rudolph: Der Weltkrieg. Ein deutsches Volksbuch von dem Weltgeschehen 1914 bis 1918, Berlin 1933, S. 7.

I Md Fritz Fischer 1961 über Deutschlands „Griff nach der Weltmacht"

Nochmals darf wiederholt werden: Bei der angespannten Weltlage des Jahres 1914, nicht zuletzt als Folge der deutschen Weltpolitik – die 1905, 1909 und 1911 bereits drei gefährliche Krisen ausgelöst hatte –, musste jeder lokale Krieg in Europa, an dem eine Großmacht unmittelbar beteiligt war, die Gefahr eines allgemeinen Krieges unvermeidbar nahe heranrücken. Da Deutschland den österreich-serbischen Krieg gewollt und gedeckt hat und, im Vertrauen auf die deutsche militärische Überlegenheit, es im Juli 1914 bewusst auf einen Konflikt mit Russland und Frankreich ankommen ließ, trägt die deutsche Reichsführung den entscheidenden Teil der historischen Verantwortung für den Ausbruch des allgemeinen Krieges.

Fischer, Fritz: Griff nach der Weltmacht. Die Kriegszielpolitik des kaiserlichen Deutschland 1914/18. Düsseldorf 1961, (zitiert nach Sonderdruck 1967), S. 82.

I Md Niall Ferguson 1999 und der Kriegsbeginn 1914

Die deutsche Entscheidung, im Jahre 1914 einen europäischen Krieg zu riskieren, resultierte nicht aus Hybris: Es gab keinen Griff nach der Weltmacht. Die führenden deutschen Politiker und Militärs handelten aus einem Schwächegefühl heraus. Sie hatten den Rüstungswettbewerb zur See oder zu Lande nicht gewinnen können. Das Verhältnis der britischen zur deutschen Tonnage an Kriegsschiffen am Vorabend des Krieges betrug 2,1 zu 1; das Verhältnis der Personenstärke in einem Krieg, bei dem Russland, Frankreich, Serbien und Belgien gegen Deutschland und Österreich-Ungarn standen, war 2,5 zu 1. Dieser Unterschied war nicht auf einen Mangel ökonomischer Ressourcen zurückzuführen. Er war Ergebnis politischer und insbesondere fiskalischer Zwänge: Die Kombination zwischen einem relativ dezentralisierten bundesstaatlichen System und einem demokratischen Reichstag machte es für die deutsche Regierung mehr oder weniger unmöglich, mit den Verteidigungsausgaben ihrer stärker zentralisierten Nachbarn gleichzuziehen. Darüber hinaus wurde es 1913/1914 immer schwieriger, das Kreditvolumen für das Reich noch zu vergrößern, nachdem sich die Staatsschulden im Laufe von eineinhalb Jahrzehnten um 150 Prozent erhöht hatten. So gab Deutschland 1913/1914 3,5 Prozent seines Bruttosozialprodukts für die Verteidigung aus, dagegen Frankreich 3,9 und Russland 4,6 Prozent. Wenn Deutschland in der Praxis so militaristisch wie Frankreich und Russland gewesen wäre, würde es weniger Grund gehabt haben, sich unsicher zu fühlen und mit einem riskanten Präventivschlag zu liebäugeln, solange es dazu noch imstande war [...].

Ferguson, Niall: Der falsche Krieg. Der Erste Weltkrieg und das 20. Jahrhundert. Stuttgart 1999 (englische Originalausgabe „The Pity of War", London 1998), S. 388.

I Md **Ludger Grevelhörster 2004: Krieg billigend in Kauf genommen**

Die Führung des Reiches hatte den Großen Krieg nicht, wie lange Zeit in den 1960er und 1970er Jahren in der wissenschaftlichen Diskussion stand, von langer Hand und mit fest umrissenen Eroberungsabsichten gezielt vorn Zaun gebrochen. Am Ausbruch des Ersten Weltkrieges trug Deutschland auch nicht die alleinige Schuld, wohl aber lag bei ihm die wesentliche Verantwortung. Denn die deutsche Politik nahm, wie gezeigt, von Anfang an die Möglichkeit eines europäischen Krieges billigend in Kauf; dass sie sich dabei von defensiven Grundabsichten leiten ließ, also in der Vorstellung handelte, nur so das als bedroht angesehene Reich und seine Machtstellung sichern zu können, verringert ihre Verantwortung nicht.

Grevelhörster, Ludger: Der Erste Weltkrieg und das Ende des Kaiserreichs. Geschichte und Wirkung. Münster 2004, S. 34.

I Md **Ein Schulbuch 1951**

Am 28. Juni 1914 werden der österreichische Thronfolger Franz Ferdinand und seine Gemahlin durch einen südslawischen Nationalisten in Sarajevo erschossen. Mit Zustimmung Deutschlands, aber ohne diesem den Wortlaut vorher mitzuteilen, stellt Österreich am 23. Juli an Serbien ein kurzfristiges Ultimatum, das die Teilnahme österreichischer Beamter an der Untersuchung der Verschwörung und die Unterdrückung jeder feindlichen Propaganda verlangt. [...]
Franz Ferdinand ist die einzige energische Persönlichkeit des Habsburgerhauses. Er hat zeitweise einen föderalistischen Umbau der Doppelmonarchie geplant und ihre letzte Hoffnung dargestellt. Der Mordanschlag soll ihn im Interesse einer großserbischen Zukunft aus dem Wege räumen. Er geht von südslawischen Verschwörerkreisen in Belgrad aus und ist nachweislich durch Kreise des serbischen Generalstabes und der Regierung, wahrscheinlich auch durch den russischen Militärattaché unterstützt und geduldet worden. Er enthüllt das ganze Maß der Bedrohung Österreich-Ungarns durch den großserbischen Ehrgeiz Belgrads. [...] Wilhelm II. und Bethmann-Hollweg haben auf ein in allgemeinen Zügen gehaltenes Handschreiben Kaiser Franz Josephs am 5. Juli ihre Zustimmung zu dem Plan einer österreichischen Aktion gegen Serbien gegeben und ihm damit einen „Blanko-Scheck" zur Verfügung gestellt. Nachträglich hat Deutschland vergeblich versucht, eine rechtzeitige genaue Mitteilung des geplanten österreichischen Ultimatums zu erhalten. [...] Die Leiter der russischen Politik sind seit Beginn der Krise fest entschlossen, eine neue Niederlage durch Demütigung des befreundeten Serbien nicht hinzunehmen.

Herzfeld, Hans: Grundriß der Geschichte für die Oberstufe der Höheren Schulen IV, Stuttgart 1951, S. 36f.

I Md **Ein Schulbuch 1988**

In Europa gehen die Lichter aus: Kriegserklärungen
Eine lokale Begrenzung des drohenden Krieges gelang nicht. Schlichtungsversuche der Briten und des deutschen Reichskanzlers schlugen fehl, nicht zuletzt deshalb, weil die deutsche militärische Führung sie ablehnte. Sie ging von der Unvermeidbarkeit eines europäischen Krieges aus. [...] In den ersten Kriegsmonaten meinten einige Staatsmänner, in dem Konflikt eine Chance zu sehen, ihre imperialistischen Träume verwirklichen zu können. In allen kriegführenden Ländern wurden Kriegszielprogramme entworfen, in denen es um große Gebietserwerbungen ging. Der Kampf um die Aufteilung der Beute begann, als an den Fronten die ersten blutigen Schlachten tobten. [...]
Kriegsschuldfrage: allgemein die Frage, wer einen Krieg verursacht hat. Nach dem Ersten Weltkrieg wiesen die Siegermächte dem Deutsche+n Reich die Schuld zu. Die deutschen Historiker versuchten hingegen nachzuweisen, dass Deutschland nicht die „Alleinschuld" am Weltkrieg trage. Die europäischen Mächte seien in den Krieg „hineingeschlittert". Der deutsche Historiker Fritz Fischer vertrat jedoch 1961 die These, Deutschland habe den Krieg vorbereitet und als Eroberungskrieg geplant. Der deutsche „Blankoscheck" vom 6. Juli 1914 belastete das Reich mit der Verantwortung für den Kriegsausbruch. Fischers These löste eine intensive Debatte über die deutsche Kriegsschuldfrage aus. Von der Leugnung jeglicher deutscher Schuld am Weltkrieg ist die Geschichtsforschung inzwischen abgerückt. Zumindest den kleinen Krieg gegen Serbien haben Berlin und Wien gewollt.

Geschichte und Geschehen, Band III. Stuttgart 1988. S. 272f..

I Md **„Verbündete und feindliche Mächte im Weltkrieg", in dem 1939 erschienenden Schulbuch „Volkwerden der Deutschen" 5 (5. Klasse der weiterführenden Schule = Klasse 10)**

Verbündete und feindliche Mächte im Weltkrieg

Mögliche Arbeitsaufträge

I Ma

Erarbeiten Sie am Beispiel der Postkarte und des Briefes des Theologiestudenten Karl Schenkel den Unterschied zwischen einer Quelle und einem Produkt der Geschichtskultur.

Erarbeiten Sie die Haltung zu Krieg und Gefahr im Brief Schenkels und setzen Sie diese in Bezug zur Absicht des Buches „Kriegsbriefe gefallener Studenten"? Beachten Sie auch das Erscheinungsjahr des Buches von Witkop.

I Mb

Erläutern Sie die Behauptung des Historikers Karl-Ernst Jeismann, dass Geschichtsbewusstsein Vergangenheit, Gegenwart und Zukunft als Horizonte des gegenwärtigen Bewusstseins begreift. Erläutern Sie ferner den Unterschied zwischen den Positionen von Leopold von Rankes und Jeismann.

Erarbeiten Sie den Unterschied von Geschichtsbild und Geschichtsbewusstsein.

Beschaffen Sie sich ein Produkt der Geschichtskultur zum Ersten Weltkrieg (z. B. eine Feldpostkarte, ein Computerspiel …) und analysieren seine ‚Narration'.

Welche Bedeutung hat ‚Geschichtsbewusstsein' für historisches Lernen?

I Mc

Informieren Sie sich über die beiden Filme, für die die Plakate werben.

Bestimmen Sie die zentralen Bildelemente und Aspekte der Bildästhetik. Stellen Sie Hypothesen auf, mit denen sich die ästhetischen Unterschiede der Plakate erklären lassen, und überprüfen Sie diese.

Erklären Sie die Unterschiede zwischen den Plakaten vor dem Hintergrund Ihrer Kenntnisse zum Thema ‚Geschichtskultur'.

I Md

Arbeiten Sie heraus, wie in den unterschiedlichen Materialien jeweils Kriegsschuld zugewiesen und begründet wird.

Finden Sie Erklärungen für die unterschiedlichen Sichtweisen. Wenden Sie dabei Ihre Kenntnisse zur Produktion von Geschichte an.

Welche Schlussfolgerungen ziehen Sie aus den unterschiedlichen Darstellungen speziell der Schulbücher für Ihr eigenes historisches Lernen?

II Der Erste Weltkrieg und der Begriff ‚Epochenjahr 1917'

Der Erste Weltkrieg war ein langer und mit – neben den Verwundeten – allein neun Millionen getöteten Soldaten sehr verlustreicher Krieg, der die an ihm beteiligten Gesellschaften in einer zuvor nicht gekannten Totalität erfasste. Er war Auslöser von Entwicklungen, die bis in die Gegenwart von Bedeutung sind:

- In seiner Folge zerfielen Staaten wie die Doppelmonarchie von Österreich-Ungarn und gründeten sich neue Staaten wie die Tschechoslowakei und Jugoslawien.
- Aus den Kämpfern des Krieges erwuchsen die Gründer von Faschismus und Nationalsozialismus.
- Der technologische Fortschritt der Zeit, dessen Ausdruck der Krieg war, wurde durch ihn zugleich in großem Maße noch beschleunigt.
- Die Volkswirtschaften der am Krieg beteiligten Nationen, insbesondere Deutschlands, Frankreichs und Belgiens, hatten durch die enormen Kosten für die Rüstung und die Zerstörung von Gebäuden und Infrastruktur bis weit in die Nachkriegszeit mit starken Problemen zu kämpfen.
- Die Kultur erhielt in der Auseinandersetzung mit den Zerstörungen des Krieges wichtige Impulse. Die Maler, Literaten, Filmemacher und Architekten, die häufig selbst an der Front gestanden hatten, reagierten in der direkten oder rückschauenden Verarbeitung der Erlebnisse mit der Radikalisierung schon vor dem Krieg existierender Tendenzen der Auflösung von Formen und Inhalten der Kunst. Die künstlerische Moderne hat eine wichtige Wurzel im Erlebnis des technisierten Massensterbens im Ersten Weltkrieg.

Dass er in einem ‚Epochenjahr' lebte, wird der Feldwebel Albin Helwig nicht gewusst haben, da er nur seine Gegenwart und die aus seiner Sicht zurückliegende persönliche Vergangenheit überschauen konnte. Seine Zukunft, die wir wieder als Vergangenheit wahrnehmen, war ihm unbekannt. Dass die Geschichtswissenschaft 1917 zu einem ‚Epochenjahr' erklären würde, konnte er nicht ahnen. Es sind im Wesentlichen zwei Ereignisse, die vielen Geschichtswissenschaftlern von den fünf Jahren des Ersten Weltkriegs ausgerechnet das Jahr 1917 zum ‚Epochenjahr' werden ließen. In diesem Jahr traten die USA in den Krieg ein. Damit begann der Aufstieg der USA zur Weltmacht. Im März des Jahres (nach dem dort noch geltenden julianischen Kalender im Februar) wurde das russische Zarenreich gestürzt und ab November (dort Oktober) von den siegreichen ‚Bolschewiki' in eine sozialistische Sowjetrepublik verwandelt. Dies markiert den Beginn des ersten sozialistischen Staates und des Weges der ‚Union der Sozialistischen Sowjetrepubliken' (UdSSR) zu einem jahrzehntelangen Rivalen der USA im so genannten ‚Kalten Krieg'.

II Mc **„Leuchtkugel"**, Otto Dix (1891–1969), Gemälde, 1917, 40,8 × 38,4 cm

2

II Mc **„Gefechtszene aus den Kämpfen bei Spicheren am Nachmittage des 6. August 1870"**, Stahlstich, 1896, 27 × 19 cm.

Aus deutscher Sicht waren aber auch weitere Ereignisse von Bedeutung: Die Aufnahme des uneingeschränkten U-Boot-Krieges am 1. Februar, die Osterbotschaft Kaiser Wilhelms II. vom 7. April, in der er für die Zeit nach dem Krieg umfangreiche Reformen verkündete, die Abspaltung der USPD von der SPD im April, die Entlassung des bisherigen Reichskanzlers Bethmann Hollweg, die Friedensresolution des deutschen Reichstages vom 19. Juli und der Hungerwinter, der viele Menschen an der ‚Heimatfront' das Leben kostete.
In Frankreich hingegen sind es vor allem die gescheiterten Offensiven und die damit verbundenen, teilweise blutig niedergeschlagenen Rebellionen vieler französischer Soldaten gegen die Bedingungen in den Schützengräben und die Fehler der Militärführung, die bis heute mit dem Jahr 1917 in Verbindung gebracht werden.
Zu den einzelnen Ereignissen des Jahres 1917 werden aber noch die folgenden Kapitel weitere Auskunft geben.

Der Begriff ‚Epochenjahr 1917' wurde erst 1953 von dem Historiker Hans Rothfels in der 1. Ausgabe der „Vierteljahrshefte für Zeitgeschichte" geprägt. Rothfels versuchte, mit dem Begriff eine Unterdisziplin der Geschichtswissenschaft, die so genannte ‚Zeitgeschichte', von den anderen Bereichen der historischen Forschung – Altertumswissenschaft, Mediävistik (Mittelalterforschung) und Geschichte der Neuzeit – abzugrenzen. Es ging ihm um die geschichtstheoretische Frage, ab wann die Zeitgeschichte gerechnet werden konnte. Als Begriff ist ‚Epochenjahr 1917' Ausdruck eines retrospektiven Ordnens und Bewertens der Ereignisse des Jahres. Wer den Begriff ‚Epochenjahr 1917' verwendet, stimmt von vornherein der Sichtweise zu, dass die Russische Revolution und der Kriegseintritt der USA ungewöhnlich bedeutsame Ereignisse gewesen seien. Es wäre vielleicht darüber nachzudenken, ob je nach Perspektive, Land oder persönlichem Standort auch andere Jahre des Kriegs als ‚Epochenjahre' angesehen werden könnten.

II Ma **Statistik der Kriegstoten 1914–1918**

Vereinigtes Königreich	723 000
Britisches Empire (ohne Großbritannien)	198 000
Frankreich	1 398 000
Russland	1 811 000
Italien	578 000
USA	114 000
Sonstige Alliierte	**599 000**
Summe Alliierte und USA	**5 421 000**
Deutsches Reich	2 037 000
Österreich-Ungarn	1 100 000
Bulgarien, Osmanisches Reich	892 000
Summe Mittelmächte	**4 029 000**
Gesamtsumme	**9 450 000**

Nach: Stenvenson, David: Der Erste Weltkrieg 1914–1918. Düsseldorf 2006, S. 637.

II Mb „Adolf Hitler mit seinen Kameraden im Unterstand", im deutschen Schulbuch „Volkwerden der Deutschen" 1939. Hitler ist am linken Bildrand zu erkennen.

II Ma Kriegsverluste (in Mio.)

	Gefallene	Verwundete	Gefangene
Deutschland	1,8	4,2	0,6
Frankreich	1,4	3,0	0,4
England	0,9	2,1	0,2
Italien	0,5	0,9	0,5
Österreich-Ungarn	1,2	3,6	2,2
Russland	1,7	5,0	2,5
Türkei	0,3	0,4	?
USA	0,1	0,2	?

Nach: Grevelhörster, Ludger: Der Erste Weltkrieg und das Ende des Kaiserreiches. Geschichte und Wirkung, Münster 2004, S. 135.

II Ma Niall Ferguson 1998: Der falsche Krieg

Die Mittelmächte waren bedeutend erfolgreicher im Töten, Verwunden und Gefangennehmen des Feindes als die Entente. Erstaunlicher ist, dass sie dies zu geringeren Kosten erreichten. Eine zugespitzte, wenn nicht gefühllose Methode, die Differenzen zwischen den beiden Seiten in einer Art und Weise zum Ausdruck zu bringen, die nicht nur die militärische Schlagkraft berücksichtigt, sondern auch die wirtschaftliche. Dieser Indikator, der die integrierte Kriegseffizienz misst, zeigt, dass Deutschland mehr Erfolg als die Entente hatte, ‚maximale Tötungsraten zu minimalen Kosten‘ zu erzielen. Die Alliierten gaben zwischen 1914 und 1918 140 Milliarden Dollar aus, die Mittelmächte dagegen ungefähr 80 Milliarden. Doch die Mittelmächte töteten mehr Angehörige der Streitkräfte der Alliierten, als es Tote auf ihrer eigenen Seite gab. Daraus ergibt sich folgende Rechnung: Während es die Ententemächte 36485 Dollar und 48 Cents kostete, einen Soldaten der Mittelmächte zu töten, kostete es die Mittelmächte 11344 Dollar und 77 Cents, einen Soldaten zu töten, der für die Entente kämpfte.

Um diese makabre Bilanz zu vervollständigen, sollte man diese Zahlen zu [...] Einschätzungen des nominellen ökonomischen Werts eines einzelnen getöteten Soldaten für sein Ursprungsland in Beziehung setzen. [So] [...] war ein Amerikaner oder Brite 20 Prozent mehr ‚wert‘ als ein Deutscher (1414 Dollar gegenüber 1354), und er hatte nahezu den doppelten Geldwert wie ein Russe oder Türke (700 Dollar). Doch war kein Soldat so viel ‚wert‘, wie aufgebracht werden musste, um ihn zu töten.

Ferguson, Niall: Der falsche Krieg. Der Erste Weltkrieg und das 20. Jahrhundert. Stuttgart 1999 (englische Originalausgabe ‚The Pity of War‘, London 1998). S. 308 f. Übers. Klaus Kochmann.

II Mb Hitler beschreibt, wie er den Kriegsbeginn erlebt hat:

Ein Freiheitskampf war angebrochen, wie die Erde noch keinen gewaltigeren bisher gesehen; denn sowie das Verhängnis seinen Lauf auch nur begonnen hatte, dämmerte auch schon den breitesten Massen die Überzeugung auf, daß es sich dieses Mal nicht um Serbiens oder Österreichs Schicksal handelte, sondern um Sein oder Nichtsein der deutschen Nation. Zum letzten Male auf viele Jahre war das Volk hellseherisch über seine eigene Zukunft geworden. [...] So, wie wohl für jeden Deutschen, begann nun auch für mich die unvergesslichste und größte Zeit meines irdischen Lebens. Gegenüber den Ereignissen dieses gewaltigen Ringens fiel alles Vergangene in ein schales Nichts zurück. Mit stolzer Wehmut denke ich [...] zurück an diese Woche des beginnenden Heldenkampfes unseres Volkes, den mitzumachen mir das Schicksal gnädig erlaubte.

Hitler, Adolf: Mein Kampf. München [518]1940. S. 177, 179 f.

2

II Mc Gedicht eines Kriegsfreiwilligen

Ach, lasst mich mit!
Lasst mich zum Heer, zum deutschen Freiheitsheer,
Lasst in den zweiten Freiheitskampf mich mit!
Lasst für das Vaterland mich sterben auf dem Meer,
Lasst sterben mich im Feld im gleichen Schritt,
Nur lasst mich mit!

Lasst mich nach Frankreich an den gall'schen Hahn,
Ich will dem Frechling mit Gewalt ans Blut,
Gebt mir ein Schwert und zeiget mir die Bahn,
Es gilt das Vaterland, des Deutschen höchstes Gut!
Ach lasst mich mit!

Wenn England geht mit Russland Hand in Hand,
Mein Vaterland zu Boden schmettern will,
Dann lasst auch mich mit in des Feindes Land,
Ich muss ins Feld und halte nicht mehr still!
Ach lasst mich mit!

Ach lasst mich fechten für mein deutsches Reich,
Und wenn ich sterben muss im blut'gen Feld,
So lasst mich fallen denn, mir ist es gleich,
Wenn nur mein liebes Vaterland nicht fällt!
Ach lasst mich mit!

Aus: Johann, Ernst (Hrsg.): Innenansicht eines Krieges. Deutsche Dokumnte 1914–1918. München 1973. S. 27f.

II Mc August Stramm (1874-1915): Gedicht „Patrouille"

Die Steine feinden
Fenster grinst Verrat
Äste würgen
Berge Sträucher blättern raschlig
Gellen
Tod.

Aus: Austellungskatalog Deutsches Historisches Museum „Die letzten Tage der Menschheit. Bilder des Ersten Weltkrieges." Berlin 1994, S. 69.

II Md Hans Rothfels 1953: Die Zeitgeschichte

Der Begriff von Zeitgeschichte [...] beruht demnach auf der Ansicht, dass etwa mit den Jahren 1917/18 eine neue universalgeschichtliche Epoche sich abzuzeichnen begonnen hat. Ihre Wurzeln liegen in Grundtendenzen der imperialistischen Politik und der industriellen Gesellschaft, die von einer Behandlung in diesen Spalten [gemeint ist in den Spalten der neu gegründeten Zeitschrift „Vierteljahreshefte für Zeitgeschichte"] nicht durch eine mechanische Zeitgrenze ausgeschlossen sein sollen. Aber selbst vom Ersten Weltkrieg, so sehr er revolutionärer Einbruch und Erschütterung der Sekurität [gemeint ist ‚Sicherheit'] gewesen ist, ließe sich mit gutem Grunde sagen, dass er nur ein in die Welt verlängerter nationalstaatlicher Konflikt war. Erst mit dem eigentümlich zusammengeordneten Doppelereignis, dem Eintritt der Vereinigten Staaten in den Krieg und dem Ausbruch der Russischen Revolution, wurde die Konstellation wirklich universal und wurde zugleich der Konflikt von Völkern und Staaten durch gesellschaftliche Gegensätze tief greifender Art durchzogen und durchkreuzt. Schon 1918 ist im Grunde die Antithese Washington-Moskau eine sehr reale gewesen. Es folgen die Jahrzehnte, in denen Demokratie, Faschismus und Kommunismus im ‚Dreieck' nebeneinander bestehen, in mannigfachem Gegen- und Zusammenspiel, bis seit 1945 die polare Zweiteilung sich wieder herauszuarbeiten beginnt. Das Gemeinsame und Neue in alledem ist doch wohl, dass ideologische und gesellschaftliche Bewegungen über Landesgrenzen hin in einem Maße sich auswirken, wie es dem nationalstaatlichen Zeitalter fremd geworden war.

Rothfels, Hans: Zeitgeschichte als Aufgabe, in: Vierteljahrshefte für Zeitgeschichte 1 (1953), Heft 1. S. 6f.

II Md Hartmut Voit: Didaktik der Zeitgeschichte (2002)

Während z.B. die histoire contemporaine in Frankreich bis 1789 zurückreicht und die contemporary history in England bis 1832, bezog sich Zeitgeschichte in der DDR vor allem auf die Epoche nach 1945. In der Bundesrepublik wurde und wird überwiegend mit dem Ersten Weltkrieg (1917) der Beginn der Zeitgeschichte angesetzt. Diese Epochenzäsur geht auf Hans Rothfels zurück, der 1953 in einem programmatischen Aufsatz zur Eröffnung der ‚Vierteljahrshefte für Zeitgeschichte' knapp, aber wirkungsgeschichtlich bedeutsam formulierte: ‚Der Begriff von Zeitgeschichte [...] beruht demnach auf der Ansicht, daß etwa mit den Jahren 1917/18 eine neue universalgeschichtliche Epoche sich abzuzeichnen begonnen hat'. Das steht auf Seite 6 des ersten Heftes dieser neuen Zeitschrift; auf Seite 2 findet sich eine grundsätzlich andere Definition desselben Autors: Zeitgeschichte ist die ‚Epoche der Mitlebenden und ihre wissenschaftliche Behandlung'. [...] Zeitgeschichte beginnt also nach dieser Definition jeweils mit einer neuen Generation und ist dann logischerweise nicht mehr generell datierbar; sie existiert immer und wächst mit den Generationen. Epochenjahr 1917 oder ‚Epoche der Mitlebenden'? Wie ist nun mit dieser doppelten Definition von Rothfels umzugehen? Handelt es sich hier um eine terminologische Schwäche oder gar um einen Widerspruch? Manche Zeithistoriker, unter ihnen Eberhard Jäckel, sprechen in der Tat vom ‚Dilemma seiner Definition'. [...] Es bedarf schon einer verständnisvollen Interpretation, um diesen (scheinbaren) Widerspruch aufzulösen und dem ‚Dilemma seiner Definition' eine positive Wendung zu geben: So muss man zunächst feststellen, dass für Rothfels und seine Generation diese doppelte Definition ohnehin keinen Widerspruch bedeutete: Das Jahr 1917 ließ sich wie selbstverständlich in die ‚Epoche der Mitlebenden' einordnen. Das galt und gilt dann aber immer weniger für die folgenden Generationen.

Voit, Hartmut: Vorüberlegungen zu einer Didaktik der Zeitgeschichte, in: Zeitschrift für Geschichtsdidaktik, Jahresband 2002. S. 10.

II Me Ein Schulbuch 1969 über das „Epochenjahr 1917"

„Ein neues Zeitalter"

Als die französische Revolution ausbrach, hatten viele Zeitgenossen das Gefühl, dass eine neue Zeit heraufziehe. Im Gegensatz dazu wurden der Kriegseintritt Amerikas und der Ausbruch der russischen Revolution im Jahre 1917 zwar von manchem als Kriegswende, aber fast von niemand als Beginn einer neuen Epoche erkannt. Erst nach dem Zweiten Weltkrieg hat die Welt die Ereignisse von 1917 als das Ende der europäischen Vormachtstellung begriffen. Russland und Amerika begannen damals, in ihre Rollen als Weltgestalter hineinzuwachsen. [...]

Karte zum Kriegsverlauf des Ersten Weltkrieges in einem deutschen Schulbuch (Sek. II) 2005

Der Kriegseintritt der USA

Bei Kriegsbeginn nahmen die Westmächte amerikanische Anleihen auf, um ihre Rüstung finanzieren zu können. Nicht mehr London, sondern New York war der Umschlagplatz für das Aktiengeschäft. Die Wirtschaft der USA, vor dem Kriege in einer leichten Depression, blühte durch die Kriegsexporte auf. Die Ausfuhr stieg auf das Dreifache.

Die USA wahrten unter ihrem Präsidenten Woodrow Wilson (1858–1924) zunächst Neutralität. Er selbst, wie die Mehrzahl der Amerikaner, sympathisierte mit den Ententemächten. Die Erklärung des uneingeschränkten U-Bootkrieges war der letzte Anlass, um Deutschland am 6. April 1917 den Krieg zu erklären. Die amerikanische Entscheidung wurde durch eine Reihe ideeller und materieller Motive gestützt: Kampf für die Demokratie gegen das monarchisch-autokratische Regiment; Einsatz für das Selbstbestimmungsrecht der Völker; Schutz der international garantierten Freiheit der Meere; Sicherung der bisherigen Kriegsanleihen der Ententemächte; Steigerung des amerikanischen Exports.

Wie die USA erklärten alle Staaten Mittelamerikas und die Hälfte der südamerikanischen Nationen den Mittelmächten den Krieg. In ihrer Propaganda nahmen sie den Kreuzzugsgedanken des amerikanischen Präsidenten auf. Ihr ziemlich risikoloser Kriegseintritt stellte ihnen im Falle eines alliierten Sieges den Gewinn nicht unbeträchtlicher deutscher Kapitalien und Sachwerte in Aussicht.

Amerika als Schiedsrichter in Europa

Wirtschaftlich waren die USA schon lange mit Europa verflochten, hatten aber trotzdem die Grundsätze der Monroe-Doktrin als politisches Programm beibehalten. Mit dem Kriegseintritt gaben sie die Politik der Nichteinmischung in Europa auf.

Der amerikanische Truppen- und Materialeinsatz entschied den Krieg zugunsten der Alliierten. Die Amerikaner erhoben zugleich den Anspruch, die Schiedsrichterolle in Europa zu übernehmen und für eine Weltfriedensordnung Vorschläge zu machen."

Kapitel „Das Epochenjahr 1917", in: Schulbuch „Grundzüge der Geschichte". Bd. 4. Von 1890 bis zur Gegenwart. Frankfurt a.M., Berlin, Bonn, München² Hrsg. Eugen Kaier, Bearb. Hans Herbert Deißler 1969, S. 62.

II Me Ein DDR-Schulbuch 1987

Im Geschichtsunterricht der vergangenen vier Jahre wurde der Entwicklungsweg der menschlichen Gesellschaft von der klassenlosen Urgesellschaft bis zum Kapitalismus, der letzten Ausbeuterordnung in der Geschichte der Menschheit, behandelt. In der 8. Klasse haben Sie gelernt, dass mit dem Übergang zum Imperialismus die geschichtlichen Bedingungen für die sozialistische Revolution, für den Sturz der Herrschaft der Bourgeoisie und die Befreiung der Menschheit von jeder Form der Ausbeutung und Unterdrückung, von Imperialismus, Militarismus, Kolonialismus und Krieg, heranreiften. Im Geschichtsunterricht der 9. Klasse werden Sie nun die grundlegende Wende in der Geschichte der Menschheit kennenlernen, die mit dem Sieg der Großen Sozialistischen Oktoberrevolution 1917 in Russland begann. Auf einem Sechstel der Erde ging die Arbeiterklasse, geführt von ihrer kommunistischen Partei und unter der unmittelbaren Leitung W. I. Lenins, daran, ihre historische Mission zu verwirklichen. Unter ihrem Einfluss erschütterten revolutionäre Erhebungen, deren bedeutendste die Novemberrevolution in Deutschland 1918/19 war, die Herrschaft der Monopolbourgeoisie in den imperialistischen Staaten, aber auch in den kolonialen und abhängigen Ländern. Ausführlich werden Sie von der internationalen Bedeutung dieser tiefgreifendsten aller bisherigen gesellschaftlichen Umwälzungen erfahren, die die Richtigkeit der Lehren von Marx, Engels und Lenin bestätigte und der ganzen Menschheit den Weg ins sozialistische Zeitalter wies. Das internationale Kräfteverhältnis veränderte sich grundlegend zugunsten des Friedens, der Demokratie und des Sozialismus. Die Große Sozialistische Oktoberrevolution leitete den Beginn der neuen welthistorischen Epoche des Übergangs vom Kapitalismus zum Sozialismus ein, deren erste Etappe von 1917 bis 1945 in diesem Lehrbuch behandelt wird. Sie ist gekennzeichnet durch den Sieg des Sozialismus in einem Lande, die Entstehung der kommunistischen Weltbewegung und die Durchsetzung des Leninismus in der internationalen revolutionären Arbeiterbewegung sowie den Aufschwung der nationalen Befreiungsbewegung. Diese Etappe wird weiter geprägt durch die volle Entfaltung der allgemeinen Krise des Kapitalismus, durch die zunehmenden Widersprüche im Imperialismus und die Erschütterung seines Kolonialsystems sowie vor allem durch die erbitterten internationalen Klassenauseinandersetzungen zwischen Sozialismus und Imperialismus, die den Hauptinhalt der Geschichte seit 1917 bildeten und auch die Entwicklung in jedem einzelnen Lande entscheidend beeinflussten.

Vorwort, in: Bleyer, Wolfgang: Schulbuch „Geschichte", Bd. 9 (Klasse 9). Ost-Berlin[4] 1987, S. 5.

II Me Das Jahr 1917 aus Sicht eines französischen Schulbuchs 1949

Das Jahr 1917 ist ein Jahr der Enttäuschungen. Die Alliierten, die sich eine schnelle Beendigung des Krieges erhofften, müssen bittere Enttäuschungen erfahren.

1. Die ganz verschieden motivierten Friedensversuche, die von den Deutschen, dem österreichischen Kaiser Karl I. (Nachfolger von Franz Joseph I., gestorben am 21. November 1916) und von Papst Benedikt XV. unternommen werden, sind allesamt zum Scheitern verurteilt.
2. Die russische Revolution. – Man hatte gehofft, dass Russland 1917 stärkere Anstrengungen unternehmen könnte. Jedoch kommt es im März 1917 in Petrograd zum Ausbruch einer Revolution. Zar Nikolaus II. dankt ab und das zaristische Regime zerbricht. Die Liberalen, die den Krieg fortführen wollen, werden bald von einer neuen Welle der Revolution überrollt (7. November). Im Dezember nehmen die siegreichen Bolschewisten unter der Führung von Lenin Friedensverhandlungen auf. [...]
3. Das Scheitern der französischen Offensive. – [General] Nivelle will die deutsche Front von Arras bis Reims durchbrechen: Seine Angriffe vom 9. und 16. April sind jedoch schlecht vorbereitet und enden ergebnislos mit schweren Verlusten. Die Verbitterung unter den Soldaten führt zu militärischen Aufständen in der französischen Armee, die erst von Nivelles Nachfolger Pétain niedergeschlagen werden. Clemenceau, der neue Premierminister, regiert mit harter Hand und fordert die uneingeschränkte Fortführung der Kämpfe bis zum siegreichen Ende.
4. Das italienische Desaster. – Die italienische Armee demoralisiert und geschwächt durch Defätismus. Am 24. Oktober wird die italienische Defensive von der österreichisch-deutschen Armee angegriffen, in Caporetto vollständig zerschlagen und bis zum Piave zurückgetrieben.
5. Die amerikanische Intervention fängt diese Serie von Misserfolgen ab. – Um die Seeblockade zu beenden, die im Volk immer mehr Todesopfer fordert, beschließt Deutschland am 31. Januar erneut den uneingeschränkten U-Boot-Krieg, das heißt die Torpedierung aller, auch neutraler, Schiffe in europäischen Gewässern ohne Vorwarnung. Der Präsident der Vereinigten Staaten, Woodrow Wilson, bricht daraufhin die diplomatischen Beziehungen mit Deutschland ab (3. Februar) und erklärt Deutschland den Krieg (6. April 1917). Die Deutschen lassen sich davon wenig beeindrucken, da sie hoffen, den Sieg davonzutragen, noch bevor die Vereinigten Staaten aktiv in den Krieg eintreten können. Aus diesem Grund ist es die amerikanische Intervention, die den Ausgang des Krieges entscheidet."

Kapitel „Das Jahr 1917" in: Schulbuch „Histoire contemporaine après 1789", Paris 1949, S. 471 f. Übersetzung von Lydia Reumund.

Mögliche Arbeitsaufträge

II Ma Diskutieren Sie mögliche Gründe für die unterschiedlichen Angaben zu den Kriegsverlusten und formulieren Sie daraus Schlussfolgerungen für Ihren Umgang mit Statistiken in geschichtswissenschaftlicher Fachliteratur.
Überprüfen Sie einen möglichen Zusammenhang zwischen den Statistiken und den Angaben des Textes zu den Kriegskosten.
Weisen Sie nach, mit welchen sprachlichen Mitteln sich der Text vom dargestellten Inhalt distanziert.

II Mb Für den Nationalsozialismus war der Bezug auf das ‚Fronterlebnis' des Ersten Weltkriegs ein wichtiger Bestandteil seiner Ideologie. Erläutern Sie den argumentativen Zusammenhang, den beide Quellen zwischen dem Ersten Weltkrieg und dem Nationalsozialismus herstellen.

II Mc Erschließen Sie die zentralen Bildelemente beider Kriegsbilder und vergleichen Sie beide Bilder hinsichtlich ihrer Kriegsdarstellung.
Das Bild von Otto Dix ist ein Werk des Expressionismus. Ziel des Expressionismus war der künstlerische Ausdruck innerer Empfindungen. Finden Sie Argumente für eine Einordnung des Bildes in den Expressionismus.
Das Bild „Gefechtscene bei Spicheren" versucht, Krieg nicht darzustellen. Diskutieren Sie die Stichhaltigkeit dieser These.
Rekonstruieren Sie die jeweiligen Kriegsvorstellungen des lyrischen Ichs in beiden Gedichten und überlegen Sie, wie sich die Unterschiede in Form und Inhalt erklären lassen könnten.

II Md Arbeiten Sie heraus, welche zwei Definitionsleistungen Rothfels nach Voit mit dem Begriff ‚Epochenjahr 1917' erbracht hat.
Zeitgeschichte beginnt in der Logik der Definition von Rothfels heute später als 1917. Diskutieren Sie mögliche spätere Epochengrenzen für Zeitgeschichte.

II Me Arbeiten Sie die jeweilige Schwerpunktsetzung der Texte im Blick auf 1917 heraus und begründen mit Blick auf den Entstehungszeitraum.

III Die Entwicklung bis 1917

Seit seiner Gründung am 18.1.1871 im Spiegelsaal von Versailles hatte das Deutsche Reich bis 1914 eine eindrucksvolle Entwicklung zurückgelegt. Die Vereinigung der deutschen Einzelstaaten zu einer deutschen Nation in der Mitte Europas bescherte den europäischen Großmächten Großbritannien, Frankreich, Österreich-Ungarn und Russland einen neuen bevölkerungsreichen und wirtschaftsstarken Konkurrenten. In den Jahren 1871 bis 1914 wuchs die deutsche Bevölkerung von 41 auf 68 Millionen. In vielen Bereichen, wie z. B. der ‚Industrialisierung', in der ‚Bildung und Forschung', oder der ‚Literatur' gehörte das Deutsche Reich zu den führenden Nationen. Die deutsche Sozialgesetzgebung galt trotz aller weiterhin bestehenden großen sozialen Gegensätzen zwischen Besitzbürgertum, adeligen Führungseliten in Politik und Militär, mittleren Angestellten, Landbevölkerung und der im Zuge der Industrialisierung stark angewachsenen Arbeiterschaft im Rahmen der Zeit als vorbildlich. Obwohl Deutschland eine Monarchie war, kann die Herrschaft der deutschen Kaiser insgesamt nicht als autokratisch bezeichnet werden: Der Reichstag übte mit einigen Einschränkungen die parlamentarische Kontrolle aus, und auch die Presse konnte weitgehend frei von Zensur berichten. 1912 konnte die erklärtermaßen antimonarchistische SPD sogar die Mehrheit im Reichstag stellen. Allerdings war die deutsche Einigung das Ergebnis erfolgreicher Kriege gegen Dänemark 1864, gegen Österreich und den Deutschen Bund 1866 sowie gegen Frankreich 1870/71. Aus diesem Grund besaß das Militär im Kaiserreich großes gesellschaftliches Ansehen und hatten die Belange der Armee bei politischen Entscheidungen stets hohe Priorität. Ebenso war die Armee nur unvollständig der Kontrolle des Reichstags unterworfen. In Deutschland herrschten Wehrpflicht und ein effektives Reservistensystem, so dass im Kriegsfall die Armee innerhalb kurzer Zeit über die Zahl des stehenden Heers hinaus mobilisiert werden konnte.

Deutsche Außen- und Kriegspolitik bis 1914
Der erste Reichkanzler, Otto von Bismarck, der als Kanzler Preußens bereits eine entscheidende Rolle bei der Reichseinigung gespielt hatte, sah die Probleme, die sich aus der Existenz eines neuen, wirtschaftlich starken und zumindest potenziell bedrohlichen Staates wie Deutschland für die anderen europäischen Nationen ergeben konnten. Deshalb knüpfte er mit anderen Staaten Verträge, die den Ausbruch von Kriegen verhindern sollten. Insbesondere ein Revanchekrieg mit Frankreich, das die im Krieg von 1870/71 an Deutschland verlorenen Gebiete Elsass-Lothringen als ‚Frankreichs blutende Wunde' betrachte und nicht als endgültig verloren ansah, sollte vermieden werden. Neben der vertraglichen Absicherung mit Österreich-Ungarn und Italien im ‚Dreibund' und dem ‚Rückversicherungsvertrag' mit Russland, in dem sich beide Seiten ‚wohlwollende Neutralität' im Kriegsfalle zusicherten, diente aber auch eine starke Rüstung zum Schutz des Reichs. Offensive Absichten bestanden dabei nicht.

Doch mit der 1890 erfolgten Entlassung Bismarcks als Reichskanzler durch den jungen Kaiser Wilhelm II., der 1888 die Nachfolge seines Vaters Friedrich III. angetreten hatte, änderten sich die Prämissen der deutschen Außenpolitik. Im kolonialen Wettlauf mit Frankreich und England forderte Deutschland nun auch einen ‚Platz an der Sonne', während Bismarck zuvor das Reich ausdrücklich für ‚saturiert' (gesättigt) erklärt hatte. Um auch Deutschland Kolonien zu ermöglichen, befahl der Kaiser den massiven Ausbau der Kriegsflotte. Mit dieser Entscheidung, die auch die Interessen der wichtigen deutschen Stahlindustrie bediente, geriet das Deutsche Reich in Konflikt mit Großbritannien, das seine Vormachtstellung zur See bedroht sah. Die Folge war ein nicht nur volkswirtschaftlich bedenkliches Wettrüsten zwischen Großbritannien und Deutschland. Mit dem militärbegeisterten Wilhelm wuchs auch der Einfluss der Armeeführung auf die Politik weiter. Nationalistische Politiker, die nun für eine Ausweitung deutscher Interessen eintraten, gewannen an Gewicht. Und der persönliche Stil des Kaisers, der in der Öffentlichkeit häufig aggressiv-patriotisch und imperialistisch auftrat, unterstützte diese Entwicklung zusätzlich. Nach einigen schwerwiegenden außenpolitischen Konflikten mit Frankreich und Großbritannien in Nordafrika (1. und 2. Marokkokrise 1905/06 und 1911) wuchs im wilhelminischen Deutschland ein Gefühl zunehmender militärischer Bedrohung, das sich bis 1914 zu einer regelrechten Kriegs- und Umkreisungspsychose auswuchs. Dass Deutschland unter Wilhelm II. durch sein aggressives Auftreten und die Nichtverlängerung des ‚Rückversicherungsvertrags' mit Russland 1890 in ganz erheblichem Maße durch eigene Fehler in eine internationale Isolation geraten war, wurde dabei übersehen. Als Folge der Nichtverlängerung des ‚Rückversicherungsvertrags' schloss Russland 1894 den ‚Zweiverband' mit Frankreich, der eine gegenseitige militärische Unterstützung im Kriegsfall mit Deutschland vorsah. Damit war die Gefahr eines Zweifrontenkriegs trotz der Beibehaltung des Dreibunds für Deutschland selbst verschuldet.

Durch die kaum hinterfragte Grundannahme, dass ein Krieg in naher Zukunft wegen der Rivalitäten unter den Großmächten ohnehin unvermeidbar sei – eine Annahme, die im Ausland mehrheitlich geteilt wurde – sah sich die deutsche Militärführung veranlasst, 1905 einen Plan für den erwarteten Zweifrontenkrieg auszuarbeiten. Der nach dem deutschen Generalsstabschef Alfred Graf von Schlieffen benannte „Schlieffen-Plan", sah vor, zuerst durch einen massiven, blitzartigen und durch das neutrale Luxemburg sowie das ebenfalls neutrale Belgien hindurch geführten Angriff im Westen Frankreich zu schlagen, um danach mit vereinten Kräften im Osten Russland zu besiegen. Unter Schlieffens Nachfolger Helmuth Graf von Moltke wurde der Plan soweit verfestigt, dass Alternativen nicht mehr erwogen wurden. Das Problem, dass Deutschland und Großbritannien Garantiemächte für Belgiens Neutralität waren und sich Großbritannien durch einen deutschen Einmarsch in Belgien zum Kriegseintritt veranlasst sehen könnte, wurde für unerheblich gehalten. Neben der Sorge vor einem Zweifrontenkrieg trieb die deutsche Militärleitung auch die Angst vor einer Verschlechterung der Ausgangsbedingungen für den erwarteten Krieg um: Der Rüstungswettlauf der Großmächte würde mittelfristig zu einem Ungleichgewicht von Menschen und Kriegsmaterial führen, dass ab einem bestimmten Punkt Deutschland und dem verbündeten Österreich-Ungarn keine Chance mehr ließe, einen Krieg zu gewinnen. Daher war der deutsche Generalstab bestrebt, einen ohnehin angeblich unabwendbaren Krieg lieber früher als später zu führen.

Julikrise und Ausbruch des Krieges

28. Juni Ermordung des österreichisch-ungarischen Thronfolgers Erzherzog Franz Ferdinand v. Habsburg.

5./6. Juli Die deutsche Regierung versichert Österreich-Ungarn seine Bündnistreue („Blankocheck").

23. Juli Österreich-Ungarns stellt ein auf 48 Stunden befristetes Ultimatum an Serbien. Wien drängt auf eine österreichische Mitwirkung an der Ermittlungsarbeit zum Sarajevo-Attentat in Serbien.

24. Juli Russland erklärt, keinen Angriff auf Serbiens Souveränität zulassen zu wollen.

25. Juli Die serbische Regierung nimmt die Forderungen weitgehend an und erklärt, man könne sie erfüllen, wenn Serbiens Souveränität gewahrt bleibe. Diese Antwort erachtete Österreichs Regierung als unzureichend und bricht daraufhin die diplomatischen Beziehungen zu Serbien ab.

28. Juli Österreichs Kriegserklärung an Serbien. Reichskanzler Bethmann-Hollweg unterstützte die Wiener Kriegserklärung.

29. Juli Russland befiehlt die Teilmobilmachung seiner Streitkräfte.

30. Juli Generalmobilmachung des russischen Heeres wird angeordnet.

31. Juli Deutsches Ultimatum an Russland und Frankreich Das Deutsche Reich erklärt den Zustand „drohender Kriegsgefahr".

1. August Französische Mobilmachung. Das Deutsche Reich erklärt Russland den Krieg.

2. August Vertrag zwischen dem Deutschen Reich und dem Osmanischen Reich. Einmarsch deutscher Truppen in Luxemburg.

3. August Deutsche Kriegserklärung an Frankreich. Deutschland fordert Durchmarschrecht von Belgien. Italien erklärt seine Neutralität.

4. August Britisches Ultimatum an das Deutsche Reich, die belgische Neutralität zu respektieren. Deutscher Einmarsch in Belgien.

6. August Österreich-Ungarn erklärt Russland den Krieg. Kriegserklärung des Deutschen Reiches an Serbien.

12. August Kriegserklärung Großbritanniens an Österreich-Ungarn.

13. August Kriegserklärung Frankreichs an Österreich-Ungarn.

23. August Kriegserklärung Japans an das Deutsche Reich.

So war die Situation in Europa von Nationalismus, Bedrohungsszenarien, Wettrüsten und eine von Presse und Literatur aller Länder angeheizte Kriegshysterie geprägt, als am 28.6.1914 serbische Nationalisten in Sarajewo den österreichischen Thronfolger Franz

Der deutsche Schlieffen-Plan zwischen Plan und Realität, August/September 1914

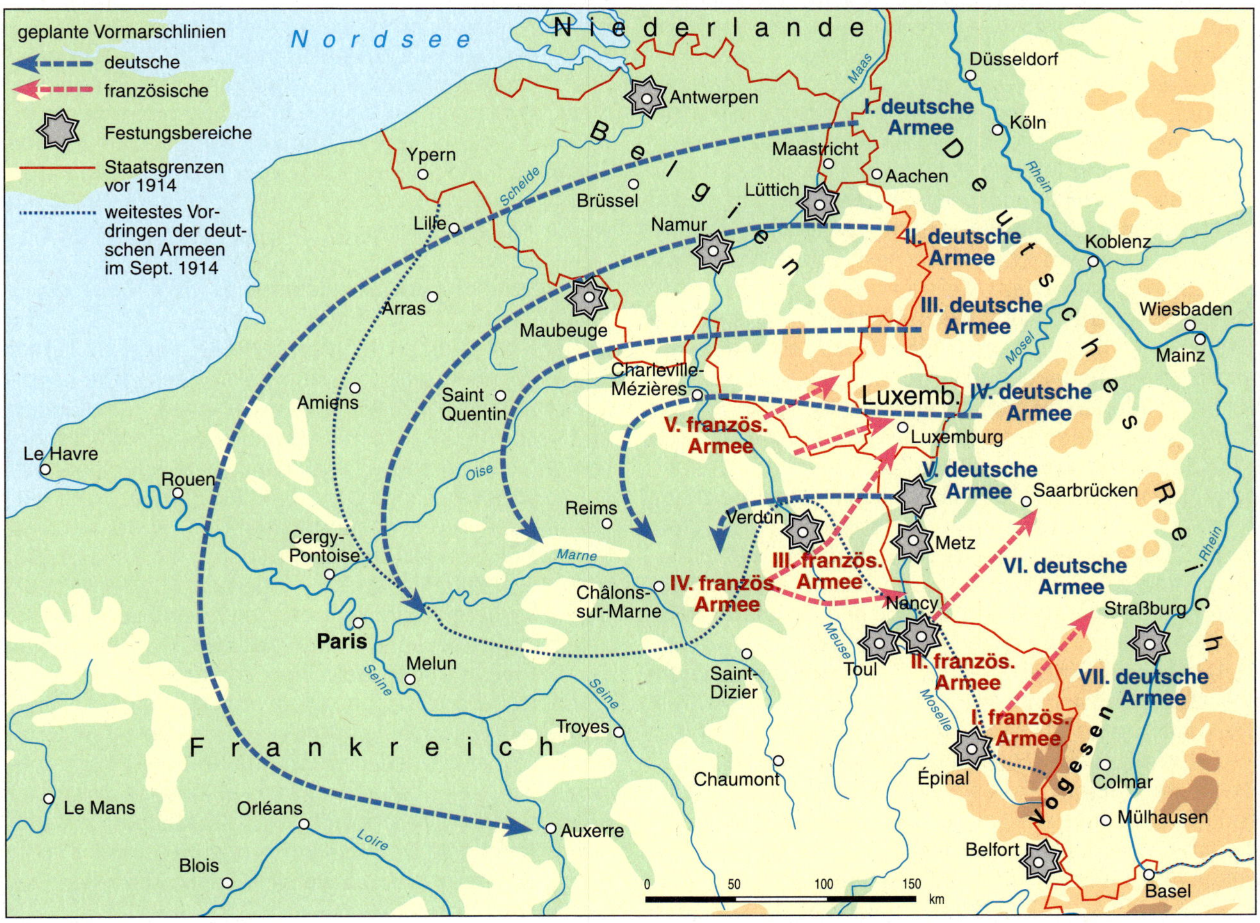

III Mc Französisches Propagandaplakat „La GUERRE est l'industrie Nationale de la PRUSSE", um 1917

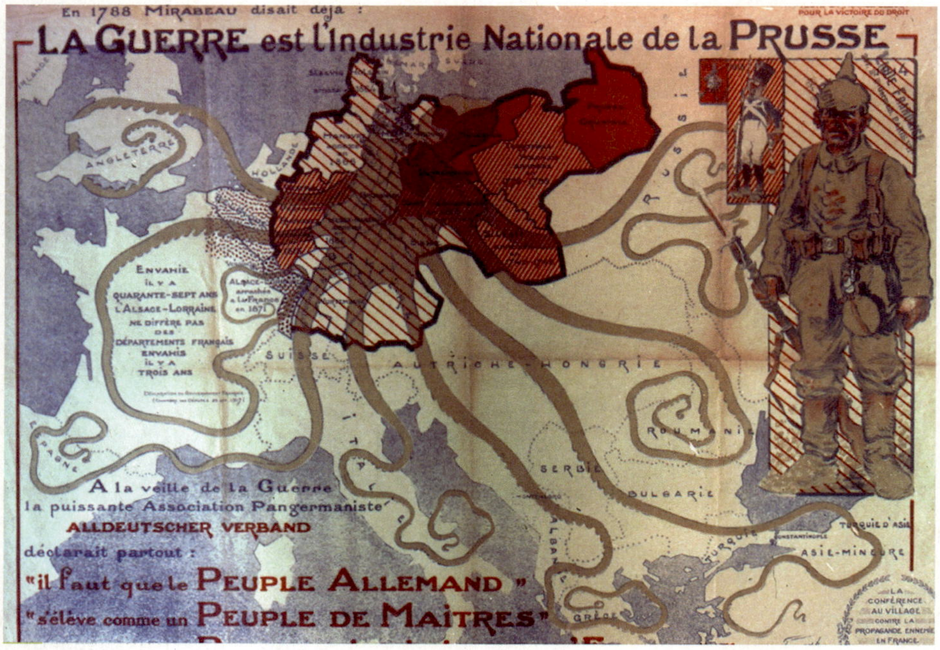

Ferdinand erschossen. In Österreich-Ungarn ging man ohne Beweise davon aus, dass das Attentat von der serbischen Regierung geplant gewesen sei. Daher erging am 23.7.1914 ein Ultimatum Österreich-Ungarns an das mit Russland verbündete Serbien. Es forderte, die Attentäter und ihre vermuteten Hintermänner zu verfolgen und zu bestrafen und dabei polizeiliche und militärische Dienststellen aus Wien in die Ermittlungen einzubeziehen. Der Text wurde so formuliert, dass er als Eingriff in die Belange der serbischen Regierung und Verletzung der nationalen Ehre aufgefasst werden konnte. Deutschland hatte Österreich-Ungarn zuvor im sogenannten ‚Blankoscheck' unbedingte Bündnistreue zugesichert und so den Verbündeten zu einer harten Haltung gegen Serbien ermuntert. Obgleich Serbien am 25.7.1914 die Forderungen weitgehend angenommen hatte, betrachtete die Führung in Wien die Antwort als unzureichend und brach die diplomatischen Beziehungen ab. In den übrigen Hauptstädten Europas begannen nun Vermittlungsversuche, den Krieg doch noch abzuwenden und die durch gegenseitige Beistandsverträge absehbare Bündnismechanik der wechselseitigen Kriegserklärungen aufzuhalten. Noch während der laufenden Vermittlungsbemühungen erklärte jedoch Österreich am 28.7.1914 Serbien den Krieg. Der deutsche Reichskanzler Theobald von Bethmann-Hollweg unterstützte die Wiener Kriegserklärung. Am 29. und 30.7.1914 ließ Russland daraufhin das Heer mobil machen. Diese Mobilmachung bedrohte auch die Grenzen zu Deutschland. Am 31.7.1914 folgte Österreichs Generalmobilmachung; gleichzeitig verkündete Deutschland den ‚Zustand drohender Kriegsgefahr' und stellte Russland ein Ultimatum von zwölf Stunden, innerhalb derer die russische Generalmobilmachung einzustellen sei. Ein weiteres Ultimatum von 18 Stunden an Frankreich verlangte dessen Neutralitätserklärung im Fall eines deutsch-russischen Konflikts. Nachdem eine russische Antwort ausgeblieben war, ließ Berlin am 1. August das deutsche Heer mobilisieren und erklärte Russland am Abend den Krieg. Da Frankreich die ultimative deutsche Neutralitätsforderung nicht klar beantwortet hatte, folgte am 3. August die deutsche Kriegserklärung an Frankreich. Zuvor hatten die deutschen Heeresgeneräle auf eine schnelle Entscheidung gedrängt. Am 2. August marschiert Deutschland in Einhaltung des ‚Schlieffen-Plans' in Luxemburg ein. In einer Reichstagssitzung am 4. August unterstützen auch die häufig zuvor als „vaterlandslose Gesellen" verunglimpften Sozialdemokraten mit großer Mehrheit die nun notwendig gewordenen Kriegskredite. Alle Parteien und der Kaiser vereinbarten im sogenannten ‚Burgfrieden', für die Dauer des Krieges die politischen Differenzen ruhen zu lassen. Aus dem deutschen Einmarsch in Belgien am 4.8.1914 folgte für Großbritannien der Kriegsfall. Bereits vor dem Krieg hatten Frankreich und Großbritannien gemeinsame Planungen für den Fall eines deutschen Angriffs vorgenommen und die ‚Entente Cordiale' begründet. Der Krieg, der insbesondere durch die Teilnahme der britischen Dominions Australien, Kanada, Südafrika und Neuseeland sowie der Kolonialtruppen der imperialistischen Großmächte zum ‚Weltkrieg' wurde, hatte begonnen.

Kriegserziehung und ‚Augusterlebnis' bzw. ‚Geist von 1914'

In den am Krieg beteiligten Ländern zogen Millionen junger Männer, teils freiwillig, teils verpflichtet, in die Kämpfe. In den Schulen hatte man ihnen insbesondere im Geschichtsunterricht am Beispiel vergangener Siege beigebracht, dass Krieg ein ‚männliches Abenteuer' sei. Sie sollten den Dienst und den Tod für das Vaterland als ‚süß und ehrenvoll' betrachten (getreu dem antiken Motto ‚Dulce et decorum est pro patria mori', Horaz, Carmina, 3.2.13). In Frankreich wurden die Schüler seit 1871 darauf vorbereitet, im kommenden Krieg Elsass-Lothringen zurückzugewinnen, und deutschen Schülern wurden die Siege in den Befreiungskriegen 1813–1815 und im deutsch-französischen Krieg von 1870/71 als nacheifernswerte Beispiele vor Augen geführt. Derart im Sinne des Militarismus und des Nationalismus erzogen, meldeten sich viele, vor allem junge Männer spontan freiwillig zu den Waffen. Sowohl in Großbritannien als auch in Frankreich und Deutschland herrschte teilweise spontane Begeisterung und Zuversicht, einen schnellen Sieg erringen zu können.

Die Bilder junger Männer, die blumengeschmückt und jubelnd ins Feld marschieren, schufen in Deutschland den Mythos des ‚Augusterlebnisses' bzw. des ‚Geistes von 1914'. Im August 1914, so der im Krieg und danach in vielen Publikationen verbreitete Mythos, war Deutschland über alle Klassenschranken hinweg im Willen, für das Vaterland zu kämpfen und zu sterben, vereint. Noch heute ist dies so oder ähnlich in vielen Publikationen zu lesen. Neuere Untersuchungen haben jedoch ergeben, dass sich diese Begeisterung in allen am Krieg beteiligten Nationen weitgehend auf Angehörige des jugendlichen akademischen Bildungsmilieus - Studenten, Literaten, Schüler - und unverheiratete mittlere Angestellte beschränkte. Die Mehrheit der reiferen Männer, Angehörige der Arbeiterschaft und der Landwirtschaft zog mit nachvollziehbaren Ängsten und Sorgen um Leben und Familie in den Krieg.

Militärische Entwicklung 1914 bis Ende 1916
Wurde in den Schulen Krieg noch als ‚ritterliches' Abenteuer des Kampfes ‚Mann gegen Mann' geschildert, entsprach dieses Bild nicht mehr den technischen Möglichkeiten des Krieges im Maschinenzeitalter. Im August 1914 standen allen kriegsführenden Ländern hochtechnisierte Waffen zur Verfügung, die in der Realität der Schlachten den Soldaten zu einem kleinen mechanischen Rädchen im industrialisierten Gemetzel machten. Insbesondere die immer leistungsstärkeren, über viele Kilometer reichenden Geschütze sind hier zu nennen, mit denen die Soldaten in manchmal tagelangem Dauerbeschuss der ‚Materialschlachten' zu Tausenden vernichtet wurden. Im Laufe des Krieges begann auch zwischen den Parteien ein Rüstungswettlauf um immer wirkungsvollere Waffen. So wurde der Luftkrieg entwickelt, und auch der Gebrauch von Kampfgas, Flammenwerfern oder Panzern ist eine Erfindung des Ersten Weltkriegs.
In den ersten Kriegsmonaten schien der ‚Schlieffen-Plan' im Westen aufzugehen. Allerdings stießen die deutschen Armeen in Belgien auf unerwarteten Widerstand der kleinen belgischen Armee und des britischen Expeditionsheers, der den Zeitplan verzögerte. Dennoch gelang noch im September 1914 der Vorstoß deutscher Truppen bis kurz vor Paris. Am Fluss Marne konnten französische und britische Truppen den deutschen Vormarsch jedoch stoppen. Die deutschen Truppen zogen sich von der Marne zurück, und beide Seiten gruben sich an einer Frontlinie, die sich von der Schweiz über Nordostfrankreich, Belgien bis zur Nordsee zog, in Schützengräben ein. Ende 1914 war der Bewegungskrieg im Westen zum Stellungskrieg erstarrt. Innerhalb kürzester Zeit bauten beide Seiten die Schützengräben zu nur schwer überwindbaren, waffenstarrenden Verteidigungssystemen aus.
Einen wichtigen Kampf hatte Deutschland jedoch bereits bei Beginn des Krieges verloren: In der öffentlichen Weltmeinung stand Deutschland wegen des Einfalls in das neutrale Belgien als Aggressor dar, obgleich es sich doch aus deutscher Sicht nur um einen Verteidigungskrieg handelte. Die alliierte Propaganda nutzte dies für eine wirksame Stigmatisierung der deutschen ‚Hunnen' und ‚Barbaren'. Mit willkürlichen Geiselerschießungen und der Niederbrennung der weltberühmten Bibliothek von Löwen hatten die Deutschen allerdings in Belgien gleich zu Beginn des Krieges schwere Verbrechen begangen, mit denen sie sich eindeutig ins Unrecht gesetzt hatten.

III Mc **Australisches Propagandaplakat „?", um 1918**

Im Laufe der Jahre 1915 und 1916 versuchten sowohl die Alliierten als auch die Deutschen an der Westfront den Stellungskrieg durch groß angelegte Offensiven wieder zu einem Bewegungskrieg zu machen. Alle Offensiven scheiterten unter zum Teil unglaublichen Verlusten an den überlegenen Defensivwaffen beider Seiten, wobei besonders dem Maschinengewehr und den auch durch mehrtägigen Artilleriebeschuss nicht zu zerstörenden Befestigungen der Schützengräben entscheidende Bedeutung zukam. So hatten die britischen und französischen Truppen bei ihrem Großangriff an der Somme von Juni bis November 1916 etwa 750 000 Mann Verluste (Tote, Vermisste, Gefangene, Verletzte). Die deutsche Offensive bei Verdun, die beinahe das ganze Jahr 1916 andauerte, führte auf deutscher Seite zu etwa 370 000 Mann Verlusten, davon 150 000 Gefallenen. Auf französischer Seite verloren etwa 167 000 Mann ihr Leben. Eine weitere erfolglose Offensive der deutschen Truppen war die 2. Flandernschlacht um Ypern von April bis Mai 1915, bei der der erste Gaseinsatz der Kriegsgeschichte erfolgte. Die Alliierten führten u. a. noch einen

Im Osten blieb das Kriegsgeschehen wechselhafter und vor allem in Bewegung. Hier kämpften die deutschen Truppen gemeinsam mit jenen des österreichisch-ungarischen Vielvölkerstaates gegen Russland, dessen Mobilisierung sich schneller vollzogen hatte als von der deutschen Militärführung erwartet. Ein weiterer Unterschied zum Kriegsgeschehen im Westen war die räumliche Ausdehnung der Front. Die Ostfront erstreckte sich vom Baltikum bis ans Schwarze Meer und war damit sehr viel länger als jene im Westen. Ein wichtiger Verbündeter der Mittelmächte im Osten war das Osmanische Reich. Da sich die deutschen Truppen entsprechend

III Md **Deutsche Soldaten mit Gasmasken und Maschinenkanone zur Flugabwehr**, Fotografie, o.J. (um 1917)

dem ‚Schlieffen-Plan' auf den Westen konzentriert hatten, war es russischen Einheiten gelungen, in Ostpreußen auf deutsches Gebiet vorzudringen. In der ‚Schlacht bei Tannenberg' im August und September 1914 gelang es aber den Deutschen unter den Oberbefehlshabern an der Ostfront, Paul von Hindenburg und Erich Ludendorff, den russischen Vorstoß zu stoppen. Die ‚Schlacht bei Tannenberg' sollte noch im Krieg zu einem zentralen deutschen Heldenmythos verklärt werden. Konnten die Deutschen so den russischen Vormarsch stoppen und zu Gegenangriffen übergehen, waren die österreichisch-ungarischen Verbündeten bereits seit 1914 in ständiger Defensive. Hierdurch sah sich die deutsche Armeeführung gezwungen, dem Verbündeten in stärkerem Maße beizustehen als erwartet. Mit deutscher Hilfe gelang es im Laufe des Jahres 1915, die russischen Armeen am österreichischen Frontabschnitt zurückzuschlagen. Deutsche Truppen besetzten Teile des heutigen Polens sowie das Baltikum und organisierten ein repressives Besatzungsregime, dessen Ziel die ökonomische Ausbeutung und eine kulturelle Germanisierung dieser Gebiete war – manche Historiker sehen hierin bereits einen Vorgriff auf die deutsche Besatzungspolitik im Zweiten Weltkrieg. 1915 trat Bulgarien auf Seiten der Mittelmächte in den Krieg ein. 1916 ging die russische Armee wieder zu verlustreichen Offensiven über, die die Mittelmächte zeitweise in Bedrängnis brachten, aber an der Gesamtsituation nichts änderten. Rumänien war 1916 aufseiten Russlands in den Krieg gezogen, konnte aber von den Deutschen und ihren Verbündeten rasch besiegt werden. Das Staatsgebiet Rumäniens wurde beinahe vollständig besetzt.

Im Süden wurde Österreich-Ungarn durch Italien bedrängt, das unter Verletzung der Verpflichtungen aus dem ‚Dreibund' im Mai 1915 aufseiten der Gegner der Mittelmächte in den Krieg eingetreten war. Der so ausgelöste ‚Alpenkrieg' war für beide Seiten sehr verlustreich, führte aber zu keinen militärischen Entscheidungen.

Die meisten deutschen Kolonien wurden gleich zu Beginn des Krieges verloren.

Zu Beginn des Jahres 1917 hatte der Krieg bereits zweieinhalb Jahre gedauert und Millionen von Menschenleben gekostet, Familien auseinandergerissen und ganze Landstriche entvölkert. In den betroffenen Gebieten wurden Sachwerte, Infrastruktur, Kulturschätze, Landwirtschaftsflächen in kaum vorstellbarem Maße zerstört. Die Soldaten hatten Tod, Schmerz, Verwesung, Verwundungen, psychische und physische Verrohung, das Leben in Matsch, zerbombter Einöde, unter andauerndem Granatbeschuss kennen- und ertragen gelernt. Keiner Seite war dabei ein entscheidender Durchbruch gelungen. Trotz der Tatsache, dass die Truppen der Mittelmächte auf feindlichem Gebiet standen, waren sie wie ihre Gegner weit davon entfernt, den Krieg militärisch gewinnen zu können.

Neben den materiellen Zerstörungen und den Verlusten an Leben und Gesundheit sind in den Jahren seit 1914 jedoch auch immaterielle Werte zerstört worden. Besonders durch die Dauer des Krieges und eine einseitig-hasserfüllte Berichterstattung in allen kriegführenden Ländern wurden die Gräben zwischen den Völkern vertieft.

III Mb **Zwei Abbildungen mit Arbeitsauftrag in einem westdeutschen Schulbuch 1979.**

„Französische Kürassiere werden beim Marsch zur Front 1914 in den Straßen von Paris von der Bevölkerung verabschiedet."

„Abfahrt deutscher Soldaten zur Westfront 1914. Beachte die Aufschriften auf dem Eisenbahnwaggon. Welche Übereinstimmung fällt bei den Bildern auf?"

3

III Ma Julius Koch, Lehrbuch der Geschichte für höhere Lehranstalten (1910) *zu den ersten Kampfhandlungen im deutsch-französischen Krieg 1870/71:*

Bei Weißenburg im Elsass warfen Preußen und Bayern ein französisches Korps, schlugen in schwerem Handgemenge die Turkos, die afrikanischen Negersoldaten der Franzosen, aus den Weinbergen hinaus und erstürmten den hochragenden Geisberg. Am 6. August, zwei Tage darauf, wurde in der Schlacht bei Wörth Frankreichs berühmtester Marschall, Mac Mahon, so entscheidend geschlagen, dass er das Elsass räumte. Gleichzeitig hatte General von Steinmetz die fürchterlich verschanzten Höhen von Spicheren, nördlich von Saarbrücken genommen, freilich unter großen Verlusten. König Wilhelm, der nach einigen Tagen das Schlachtfeld besuchte, sagte zu den Soldaten, als er die steilen Abhänge sah: ‚Aber Kinder, das war ja fast nicht möglich, dass ihr da hinaufgekommen seid!' ‚Ja, Majestät', antwortete einer von ihnen, ‚möglich war's freilich nicht, aber ‚rauf sind wir doch!' König Wilhelm berichtete nach Hause, gefangene französische Offiziere sagten, sie hätten die Einnahme ihrer Stellung für unmöglich gehalten. ‚Aber sie hätten mit solchen Gegnern auch noch nicht gekämpft, da unsere Soldaten so vorgingen, als würde ohne Kugeln auf sie geschossen.'"

Koch, Julius: Lehrbuch der Geschichte für höhere Lehranstalten. Teil 1. Lesebuch für Sexta (1. Schuljahr auf dem Gymnasium). Lebensbilder aus der vaterländischen Geschichte, Leipzig 4 1910. S. 48.

III Ma Französisches Propagandaplakat, nach 1914,

Hansi (Jean-Jacques Waltz, 1873–1951)

Der Text lautet übersetzt: „… Dieser Himmel ist unser Azur. Dieses Feld ist unser Boden! Dieses Lothringen und dieses Elsass, das gehört zu uns! Victor Hugo."

III Ma Ernest Lavisse: Der Verlust Elsass Lothringens (1914)

Die Pflicht der kleinen Franzosen

Später werdet ihr die Geschichte dieses Krieges besser verstehen. Ihr werdet verstehen, dass eure Großväter tapfer ihre Pflicht erfüllten, um unser Vaterland zu verteidigen. Die Deutschen haben uns gezwungen, ihnen fünf Milliarden Franc zu zahlen, eine so große Summe, dass man sich kaum vorstellen kann, wie Frankreich sie jemals bezahlen kann.

Und auch zwei Länder haben sie uns genommen – Elsass und Lothringen.
Die Elsässer und die Lothringer waren gute Franzosen. Sie liebten Frankreich so wie ihr.
Sie wurden gezwungen, Deutsche zu werden; aber sie lieben ihr Frankreich noch immer, und deshalb leiden sie unter den Deutschen; darum müssen die kleinen Franzosen die Elsässer und die Lothringer lieben wie ihre Brüder.

Frankreich hat nach dem unglücklichen Krieg nicht den Mut verloren.
Die Soldaten von heute sind genauso tapfer wie die Soldaten, die 1870 gekämpft haben, und heute sind es viel mehr als damals.

Unsere Generäle sind genauso mutig wie die Generäle von 1870, und sie sind viel klüger.
Unsere Gewehre, unsere Kanonen sind viel besser als die von 1870. Wir sind viel besser für den Krieg gerüstet.

Lavisse, Ernest: Histoire de France. Cours élémentaire (Volksschule). Paris 1914, S. 161 f. Übers. Lydia Reumund.

III Mb Der Dichter Friedrich Gundolf (1880–1931) in einem Brief an den Dichter Stefan George

11. August 1914

Ich teile Ihre Freude und ihre Zuversicht und lebe so ganz in der Größe des Augenblicks, in der unzweifelhaften Gegenwart eines deutschen Volkes voll Kraft und Tüchtigkeit, in der Bewunderung dieser ungeheuren einheitlichen Gewalt, die das deutsche Heer heißt, in der von Hader und Zweifel gereinigten Luft unsrer Mengen, im Glauben an einen Sieg, der das Deutschtum neu auf sich selbst stellt und auf sich selbst zurückweist, dass die Frage nach der Zukunft in mir gar nicht aufkommt, obwohl ich ahne, dass die Aufgabe nachher nicht leichter, sondern schwerer, aber größer und konzentrierter wird: soviel Zwischenkram wird wegfallen! Aber auch bloß diese Stunden erfahren zu haben, genügt, komme, was kommen mag! Wir leben in einem Rauschzustand, der seinen ewigen Wert in sich hat.

Johann, Ernst (Hrsg.): Innenansicht eines Krieges. Deutsche Dokumente 1914–1918, München 1973. S. 25 f.

Jeffrey Verhey: Der ‚Geist von 1914' und die Erfindung der Volksgemeinschaft (2000)

Bei der Beschreibung dieser Erfahrung der Gemeinschaft und der Einheit fanden viele Zeitgenossen zu einer Sprache von höchster Ausdruckskraft und Inspiration. Der konservative Philologe Eduard Schwartz erklärte, ‚in eherner Wesenheit hat sich das Ganze des Volkes erhoben, als das Einzige, das jetzt Halt und Wert hat; über allem

Einzelschicksal thront, von allen als höchste Wirklichkeit gefühlt, das Erleben der Allgemeinheit'. Der Theologe Ernst Troeltsch sprach von einer ‚herrlichen Einheit des Opfers, der Brüderlichkeit, des Glaubens und der Siegesgewissheit […], die das gewaltige Erlebnis jenes unvergesslichen August war und es noch bis heute' Der liberale Journalist Hellmut von Gerlach meinte gar: ‚Vorurteile sind gefallen, Irrmeinungen sind korrigiert worden, Menschen haben einander als Volksgenossen kennen und schätzen gelernt, zwischen denen zuvor ein Himalaja aufgetürmt schien […]. Die Zeiten haben sich geändert und die Menschen mit ihnen. Der große Zerstörer Krieg ist auch ein großer Erneuerer. Er stürzt um und er baut auf.' […]

Ist diese Schilderung des ‚Augusterlebnisses' eine präzise Wiedergabe der Empfindungen und Gefühle des deutschen Volkes im Jahr 1914? Interessanterweise haben sich die Historiker dieser Frage erst in jüngster Zeit zugewandt. Zwar gibt es umfangreiche Literatur zum Ausbruch des Ersten Weltkriegs, zur ‚Kriegsschuld', zu den Taten, Absichten und Motiven der Staatsmänner, doch bis vor kurzem übernahmen die meisten Historiker einfach die zeitgenössische Darstellung von der kriegsbegeisterten öffentlichen Meinung im Deutschland des Jahres 1914, ohne sie systematisch zu überprüfen.

Historiker, die sich mit der Geschichte einzelner deutscher Städte im Ersten Weltkrieg befassten, gelangten hingegen zu dem Schluss, dass das Wort ‚Kriegsbegeisterung' die Stimmung der Bevölkerung im Juli und August 1914 nicht angemessen beschreibt. Klaus Schwarz kam in seiner 1971 erschienenen Geschichte Nürnbergs im Ersten Weltkrieg zu dem Schluss, dass ‚die Nürnberger Bevölkerung auf die sich abzeichnende Möglichkeit eines weltweiten Krieges sehr viel differenzierter reagierte, als dieses Klischeebild von der allgemeinen Kriegseuphorie vorgibt'.[1] Zu ähnlichen Schlussfolgerungen gelangten in den letzten Jahren noch andere Autoren: Volker Ullrich für Hamburg[2], Friedhelm Boll für Braunschweig and Hannover[3], Michael Stöcker für Darmstadt[4], Wolfgang Kruse in seiner Arbeit zur deutschen Arbeiterklasse und zur SPD im Jahr 1914[5] […].

Verhey, Jeffrey: Der ‚Geist von 1914' und die Erfindung der Volksgemeinschaft (amerikanische Originalausgabe: „The spirit of 1914. Militarism, myth and mobilization". Cambridge/NY 2000). Hamburg 2000, S. 16–18. Übers. Jürgen Bauer.

1 Schwarz, Klaus: Weltkrieg und Revolution in Nürnberg. Ein Beitrag zur Geschichte der deutschen Arbeiterbewegung, Stuttgart 1971, S. 106
2 Ullrich, Volker: Die Hamburger Arbeiterbewegung vom Vorabend des Ersten Weltkrieges bis zur Revolution 1918/1919, Hamburg 1976. S. 11; Ders., Kriegsalltag. Hamburg im Ersten Weltkrieg, Köln 1982.
3 Boll, Friedhelm: Massenbewegungen in Niedersachsen 1906–1920. Eine sozialgeschichtliche Untersuchung zu den verschiedenen Entwicklungstypen Braunschweig und Hannover, Bonn 1981, S. 151.
4 Stöcker, Michael: Augusterlebnis 1914 in Darmstadt Legende und Wirklichkeit, Darmstadt 1994.
5 Kruse, Wolfgang: Krieg und nationale Integration. Eine Neuinterpretation des sozialdemokratischen Burgfriedensschlusses 1914/15, Essen 1994.

III Mc Deutsches Propagandaplakat zur vorauseilenden Rechtfertigung eines völkerrechtswidrigen Einmarschs in Belgien. „Darf Belgien Englands Aufmarschgebiet werden?", o.J. (um/vor 1914), beschädigt am oberen Rand, 83,3 × 117,2 cm

3

III Mc Romain Rolland an Gerhart Hauptmann (1914)

Der französische Schriftsteller Romain Rolland (1866–1944) wandte sich in Reaktion auf den deutschen Einmarsch in Belgien, die Geiselerschießungen und die Zerstörung der Bibliothek von Löwen am 29. August 1914 in einem offenen Brief an seinen deutschen Kollegen Gerhart Hauptmann (1862–1946)

Ich, Gerhart Hauptmann, bin keiner derjenigen Franzosen, die Deutschland als barbarisches Land behandeln; ich kenne die geistige und sittliche Größe Ihrer mächtigen Rasse; ich weiß, was ich alles den Denkern des alten Deutschland verdanke; und auch im gegenwärtigen Augenblick noch gedenke ich des Beispiels und der Worte unseres Goethe – er gehört der ganzen Menschheit an –, worin er jeden nationalen Hass von sich weist und seine Seele auf jene Höhen erhebt, ‚wo man das Glück und das Unglück der anderen Völker wie sein eigenes empfindet'. Ich habe mein ganzes Leben lang daran gearbeitet, beide Nationen sich geistig näherzubringen, und die Schrecken des ruchlosen Krieges, der sie zum Unglück für europäische Zivilisation feindlich gegenüberstellt, werden mich niemals dazu führen, meinen Geist mit Hass zu beschmutzen.

Es fehlt mir heute also nicht an Gründen, mich über Ihr Deutschland zu beklagen, die deutsche Politik und die Mittel, deren sie sich bedient, als verbrecherisch zu erachten, aber ich mache das Volk, das sie über sich ergehen lässt und sich zu ihrem blinden Werkzeug hergibt, nicht dafür verantwortlich. Ich erblicke nämlich keineswegs, wie Sie, im Kriege ein Verhängnis. Der Franzose glaubt nicht an das Verhängnis. Das Verhängnis dient willenlosen Seelen zur Entschuldigung. Der Krieg ist die Frucht der Schwäche und der Dummheit der Völker; man kann sie deshalb nur beklagen, ihnen aber nicht zürnen. Ich werfe Ihnen auch nicht unsere Gefallenen vor; die Trauer ist bei Ihnen nicht geringer. Wenn Frankreich zugrunde geht, so wird auch Deutschland zugrunde gehen. Ich habe meine Stimme selbst dann nicht erhoben, als ich Ihre Armeen die Neutralität des edlen belgischen Volkes verletzen sah. Dieser Gewaltstreich gegen die Ehre, der jedes rechtlich fühlende Gewissen zur Verachtung herausfordert, liegt zu sehr in der Tradition der Politik Ihrer Könige von Preußen: er hat mich nicht überrascht.

Was aber zu viel ist, das ist die Wut, womit Ihr diese hochherzige Nation behandelt, deren einziges Verbrechen darin besteht, bis zur Verzweiflung ihre Unabhängigkeit zu verteidigen und das Recht so wie Ihr, Deutsche, es selbst gehalten habt im Jahre 1813. Die Welt bäumt sich in Entrüstung auf; spart diese Gewalttätigkeiten auf für uns Franzosen, Eure wahren Feinde: Aber welche Schande, diese Verbitterung gegen Eure Opfer, gegen dieses kleine, unglückliche, unschuldige belgische Volk.

Ihr begnügt Euch aber auch nicht damit, Euch an dem lebenden Belgien zu vergreifen. Ihr bekriegt auch die Toten und ihren jahrhundertealten Ruhm. Ihr bombardiert Mecheln, Ihr steckt Rubens in Brand! Löwen mit seinen künstlerischen und wissenschaftlichen Schätzen, das heilige Löwen ist nur noch ein Aschenhaufen! Aber Sie, Hauptmann, wer sind denn Sie und wie wollen Sie von jetzt an noch genannt werden, wenn Sie den Titel: ‚Barbar' ablehnen? Sind Sie Nachkomme Goethes oder Attilas? Führen Sie Krieg gegen Armeen oder gegen den menschlichen Geist? Töten Sie die Menschen, aber haben Sie Achtung

III Md Französischer Schützengraben, deutsche Feldpostkarte Fotografie auf Karton, o. J.

III Md Deutsche Feldpostkarte „Eroberung der Ersten französischen Fahne" nach einem Gemälde von Carl Henkel, 1914.

vor ihren Werken! Der Patriotismus der Menschheit, den Sie ebenso hüten wie wir, verlangt das, und wenn Sie fortfahren, diese Werke zu plündern, so erweisen Sie sich unwürdig der großen Erbschaft, unwürdig eines Platzes in der kleinen europäischen Armee, welche die Ehrenwache der Zivilisation bildet.

Ich wende mich übrigens gegen Sie, nicht an die Meinung der Welt, ich wende mich an Sie selbst, Hauptmann. Im Namen Europas, zu dessen berühmtesten Wortführern Sie bisher gehört haben, im Namen der Zivilisation, für welche die größten Männer seit Jahrhunderten kämpfen, im Namen der eigenen Ehre Ihrer deutschen Rasse beschwöre ich Sie und die ganze geistige Elite Deutschlands, unter der ich so viele Freunde zähle, mit aller Kraft die Stimme gegen dieses Verbrechen zu erheben, das auf Sie zurückfällt.

Tun Sie das nicht, so werden Sie beweisen, entweder dass Sie das Geschehene billigen, und in diesem Falle wird die Meinung der Welt Sie zermalmen, oder aber dass Sie ohnmächtig sind, die Stimme gegen die Hunnen zu erheben, die Sie befehligen. Und mit welchem Recht können Sie dann noch beanspruchen, wie Sie geschrieben haben, für die Sache der Freiheit und des menschlichen Fortschritts zu kämpfen? Unfähig, die Freiheit der Welt zu verteidigen, liefern Sie der Welt den Beweis, dass Sie selbst Ihre eigene Freiheit nicht verteidigen können und dass die Elite Deutschlands dem schlimmsten Despotismus dienstbar ist, demjenigen, der die Meisterwerke verstümmelt und den Menschengeist mordet.

Ich erwarte von Ihnen, Hauptmann, eine Antwort, eine Antwort, die eine Tat bedeuten soll. Die Meinung Europas erwartet sie ebenso wie ich. Bedenken Sie: in einem solchen Augenblick wäre das Schweigen selbst eine Tat.

Zit. nach: Johann, Ernst (Hrsg.): Innenansicht eines Krieges. Deutsche Dokumente 1914–1918. München 1973. S. 31 ff.

III Mc „An die Kulturwelt!"

Aufgeschreckt von der internationalen Kritik an Deutschlands Kriegsführung veröffentlichten 93 deutsche Gelehrte und Künstler, unter ihnen auch Gerhart Hauptmann, am 4. Oktober 1914 den Aufruf ‚An die Kulturwelt!'.

Wir als Vertreter deutscher Wissenschaft und Kultur erheben vor der gesamten Kulturwelt Protest gegen die Lügen und Verleumdungen, mit denen unsere Feinde Deutschlands reine Sache in dem ihm aufgezwungenen schweren Daseinskampfe zu beschmutzen trachten. Der eherne Mund der Ereignisse hat die Ausstreuung erdichteter deutscher Niederlagen widerlegt. Um so eifriger arbeitet man jetzt mit Entstellungen und Verdächtigungen. Gegen sie erheben wir laut unsere Stimme. Sie soll die Verkünderin der Wahrheit sein.

Es ist nicht wahr, dass Deutschland diesen Krieg verschuldet hat. Weder das Volk hat ihn gewollt noch die Regierung noch der Kaiser. Von deutscher Seite ist das Äußerste geschehen, ihn abzuwenden. Dafür liegen der Welt die urkundlichen Beweise vor. Oft genug hat Wilhelm II. in den 26 Jahren seiner Regierung sich als Schirmherr des Weltfriedens erwiesen; oft genug haben selbst unsere Gegner dies anerkannt. Ja, dieser nämliche Kaiser, den sie jetzt einen Attila zu nennen wagen, ist jahrzehntelang wegen seiner unerschütterlichen Friedensliebe von ihnen verspottet worden. Erst als eine schon lange an den Grenzen lauernde Übermacht von drei Seiten über unser Volk herfiel, hat es sich erhoben wie ein Mann.

Es ist nicht wahr, dass wir freventlich die Neutralität Belgiens verletzt haben. Nachweislich waren Frankreich und England zu ihrer Verletzung entschlossen. Nachweislich war Belgien damit einverstanden. Selbstvernichtung wäre es gewesen, ihnen nicht zuvorzukommen.

Es ist nicht wahr, dass eines einzigen belgischen Bürgers Leben und Eigentum von unseren Soldaten angetastet worden ist, ohne dass die bitterste Notwehr es gebot. Denn wieder und immer wieder, allen Mahnungen zum Trotz, hat die Bevölkerung sie aus dem Hinterhalt beschossen, Verwundete verstümmelt, Ärzte bei der Ausübung ihres Samariterwerkes ermordet. […]

Es ist nicht wahr, dass unsere Truppen brutal gegen Löwen gewütet haben. An einer rasenden Einwohnerschaft, die sie im Quartier heimtückisch überfiel, haben sie durch Beschießung eines Teils der Stadt schweren Herzens Vergeltung üben müssen. Der größte Teil von Löwen ist erhalten geblieben. Das berühmte Rathaus steht gänzlich unversehrt. Mit Selbstaufopferung haben unsere Soldaten es vor den Flammen bewahrt. […]

Wir können die vergifteten Waffen der Lüge unseren Feinden nicht entwinden. Wir können nur in alle Welt hinausrufen, dass sie falsches Zeugnis ablegen wider uns. Euch, die Ihr uns kennt, die Ihr bisher gemeinsam mit uns den höchsten Besitz der Menschheit gehütet habt, Euch rufen wir zu:

Glaubt uns! Glaubt, dass wir diesen Kampf zu Ende kämpfen werden als ein Kulturvolk, dem das Vermächtnis eines Goethe, eines Beethoven, eines Kant ebenso heilig ist wie sein Herd und seine Scholle.

Dafür stehen wir Euch ein mit unserem Namen und mit unserer Ehre!

Zit. nach: Ungern-Sternberg, Jürgen von; Ungern-Sternberg, Wolfgang von: Der Aufruf ‚An die Kulturwelt!'. Stuttgart 1996, S. 144–147

III Me Ernst Jünger (1920): „In Stahlgewittern"

In seinem 1920 erstveröffentlichten, als vermeintliches Tagebuch angelegten Buch beschreibt Ernst Jünger (1895–1998) den Krieg als männliche Herausforderung. Jünger hat den Krieg als hochdekorierter Offizier überlebt.

Am nächsten Morgen griff der Engländer nach kurzer Artillerievorbereitung mit fünfzig Mann den Abschnitt der Nachbarkompanie an, in dem der Leutnant Reinhardt befehligte. Die Angreifer hatten sich vor den Draht geschlichen, und nachdem einer von ihnen mit einer am Ärmel befestigten Reibfläche ein Lichtzeichen gegeben hatte, um die englischen Maschinengewehre zum Schweigen zu bringen, waren sie gleichzeitig mit den letzten Granaten gegen unseren Graben angelaufen. Alle hatten berußte Gesichter, um sich möglichst wenig von der Dunkelheit abzuheben.

Unsere Leute empfingen sie indessen so meisterlich, daß nur ein einziger in den Graben gelangte. Dieser rannte gleich bis zur zweiten Linie durch, wo er, nachdem er die Aufforderung, sich zu ergeben, nicht beachtet hatte, niedergeschossen wurde. Den Draht zu überspringen, gelang nur einem Leutnant und einem Sergeanten. Der Leutnant fiel, obwohl er unter der Uniform einen Panzer trug, da ihm eine von Reinhardt auf nächste Entfernung entgegengesandte Pistolenkugel eine Platte in den Leib jagte. Dem Sergeanten wurden durch Handgranatensplitter beide Beine fast abgerissen; trotzdem behielt er mit stoischer Ruhe seine kurze Pfeife bis zum Tode zwischen den zusammengebissenen Zähnen. Auch hier hatten wir wieder wie überall, wo wir Engländern begegneten, den erfreulichen Eindruck kühner Männlichkeit. […]

Unter allen erregenden Momenten des Krieges ist keiner so stark wie die Begegnung zweier Stoßtruppführer zwischen den engen Lehmwänden der Kampfstellung. Da gibt es

III Md Tuchhalle von Ypern vor der Zerstörung, ca. 1900. Die gotische Tuchhalle war das Symbol der alten Kaufmannsstadt Ypern, die mit Tuchhandel wohlhabend geworden war.

III Md Die zerstörte Tuchhalle und das Yperner Stadtzentrum im Januar 1918

III Md Die wiederaufgebaute Tuchhalle von Ypern. Die Tuchhalle beherbergt heute das ‚In-Flanders-Fields-Museum' zu den Flandernschlachten, Foto 2004

kein Zurück und kein Erbarmen. Das weiß jeder, der sie in ihrem Reich gesehen hat, die Fürsten des Grabens mit den harten, entschlossenen Gesichtern, tollkühn, geschmeidig vor und zurück springend, mit scharfen, blutdürstigen Augen, Männer, die ihrer Stunde gewachsen waren und die kein Bericht nennt."

Jünger, Ernst: In Stahlgewittern. Stuttgart, [45]2007. S. 141 f. und 244. (Auf Wunsch der Familie Jünger in alter Rechtschreibung belasssen.)

III Me Henri Barbusse (1916): Das Feuer.

Barbusse (1873–1935), bis 1916 Soldat im Ersten Weltkrieg, beschreibt im „Tagebuch einer Korporalschaft" das Warten im Schützengraben vor einem Sturmangriff.

Wir sind soweit. Schweigend treten wir an, die Decken um die Brust, den Sturmriemen herunter, auf die Gewehre gestützt. Ich betrachte die verkrampften, bleichen, eingefallenen Gesichter. Das sind nicht Soldaten: Das sind Menschen. Es sind keine Abenteurer, keine Krieger, die für dieses Menschenschlachthaus – als Schlächter oder als Schlachtvieh – geboren sind. In den Uniformen stecken Bauern und Arbeiter. Es sind entwurzelte Bürger. Sie stehen bereit, warten auf das Zeichen des Todes, um zu morden; aber wenn man an den blitzenden Seitengewehren vorbei ihre Gesichter betrachtet, sieht man, dass es einfach Menschen sind. Jeder weiß, dass er seinen Kopf, seine Brust, seinen Bauch, seinen ganzen Leib schutzlos den schon auf ihn gerichteten Gewehren, den Granaten, den aufgestapelten und bereits wartenden Handgranaten entgegenträgt und besonders den methodisch arbeitenden und fast unfehlbaren Maschinengewehren – all dem, was dort in fürchterlichem Schweigen auf ihn lauert –, ehe er auf die andern Soldaten treffen wird, die er töten muss. Sie werfen ihr Leben nicht von sich wie Banditen, und der Zorn macht sie nicht blind wie Wilde. Trotz der Propaganda, die sie über sich ergehen lassen müssen, sind sie nicht kampfbegeistert. Sie stehen über instinktiver Leidenschaft. Sie sind nie im Rausch, weder physisch noch moralisch. Im vollen Bewusstsein, wie in voller Kraft und Gesundheit drängen sie sich hier, um noch einmal die wahnsinnige Rolle zu spielen, die ihnen ein Teil der Menschen aufgezwungen hat. Und man vernimmt die Gedanken, die Angst und ihre Abschiedsworte aus ihrem Schweigen, ihrer Reglosigkeit und aus der krampfhaften Ruhe, die ihre Gesichter in übermenschlicher Anstrengung zusammenhält. Sie sind nicht Helden von der Art, wie man sie sich vorstellt; aber ihr Opfer hat mehr Wert, als es diejenigen, die sie nicht gesehen haben, je werden ermessen können."

Barbusse, Henri: Das Feuer. Tagebuch einer Korporalschaft (französische Originalausgabe „Le feu". Paris 1916). Frankfurt a. M. 1986, S. 238 f.

III Md Granatproduktion in einer deutschen Fabrik, Foto 1916

III Md Das Dorf La Vacquerie südwestlich von Cambrai nach Granatbeschuss, Foto, o. J. (um 1917)

3

Mögliche Arbeitsaufträge

Der Einführungstext nimmt zahlreiche Wertungen vor. Auch in Büchern mit einem objektiven und wissenschaftlichen Anspruch muss man auf Wertungen achten. Üben Sie dies am Beispiel der Darstellung des Deutschen Reiches 1871–1918 in diesem Kapitel:
Stellen Sie fest, welche Wertungen vorgenommen werden.
Beurteilen Sie diese Wertungen vor dem Hintergrund Ihres bisherigen Wissens.

III Ma Beschreiben Sie den Eindruck von Krieg, den die Schilderungen in den Lehrbüchern erwecken möchten. Beachten Sie dabei die sprachlichen Mittel und mögliche Zielsetzungen.
Dekonstruieren Sie die Narration des Bildes von „Hansi", indem Sie zuerst das Bild genau beschreiben, dann die Einzelheiten deuten, bevor Sie eine Gesamtaussage formulieren.
Diskutieren Sie die Rolle von schulischer Erziehung für die mentale Vorbereitung des Ersten Weltkriegs.

III Mb Beschreiben Sie die Aussageabsicht, mit der das Schulbuch von 1979 die Fotos ausgesucht und die Aufgabe formuliert hat.
Finden Sie Gründe dafür, dass sich die Vorstellung vom ‚Augusterlebnis' so lange halten konnte. Berücksichtigen Sie dabei insbesondere Textquellen wie den Brief von Friedrich Gundolf und das Medium ‚Fotografie'.
Versuchen Sie zu überprüfen, wie der Kriegsbeginn in Ihrem Heimatort aufgenommen worden ist. Hilfreich wäre hier ein Besuch im Stadtarchiv oder im Archiv der Lokalzeitung.

III Mc Erarbeiten Sie die Bildelemente und die Aussage des deutschen Plakat „Darf Belgien Englands Aufmarschgebiet werden?" und beurteilen Sie die Stichhaltigkeit der deutschen Argumente.
Erarbeiten Sie die Hauptaussagen des Textes von Romain Rolland und des Aufrufs ‚An die Kulturwelt'. Beachten Sie, welche Funktion die Texte dem Begriff ‚Kultur' beimessen. Beachten Sie auch, worüber beide Texte nicht sprechen.
Erarbeiten Sie die Bildelemente und die Aussage des französischen Plakats „La GUERRE est l'industrie Nationale de la PRUSSE".
Erarbeiten Sie die Bildelemente und die Aussage des australischen Plakats „?".
Diskutieren Sie unter Verwendung der Begriffe ‚Geschichtsbild' und ‚Geschichtskultur' am Beispiel des Plakats die folgende These: Der Erste Weltkrieg hat zu einer dauerhaften Erschütterung der zivilisatorischen Standards in den beteiligten Nationen geführt. Diese Erschütterung erklärt zum Teil die weitere Entwicklung bis zum Ende des Zweiten Weltkriegs.

III Md Erarbeiten Sie die Bildelemente auf der Feldpostkarte „Eroberung der Ersten französischen Fahne" heraus und vergleichen Sie das vorgestellte Kriegsbild mit der Abbildung „Deutsche Soldaten mit Gasmasken". Diskutieren Sie mögliche Gründe für die Unterschiede.
Der Erste Weltkrieg wird auch als ‚Industrialisierter Krieg' bezeichnet. Wiederholen Sie die wesentlichen Merkmale von Industrialisierung (z. B. arbeitsteilige Herstellung) und wenden Sie diese am Exempel der Abbildungen ‚Granatproduktion' und ‚Dorf La Vacquerie' auf den Ersten Weltkrieg an.
Die Abbildung toter französischer Soldaten ist auf einer deutschen Feldpostkarte zu sehen. Feldpostkarten wurden in die Heimat geschickt. Versuchen Sie eine Erklärung für dieses aus heutiger Sicht befremdliche Verhalten zu finden.
Die Tuchhalle von Ypern wurde nach dem Krieg trotz einer Vielzahl dringlicherer Wiederaufbauarbeiten mit großem Aufwand rekonstruiert. Diskutieren Sie mögliche Gründe hierfür.

III Me Erarbeiten Sie die unterschiedlichen Kriegsnarrationen der Texte von Jünger und Barbusse.
Informieren Sie sich, was die Psychologie unter dem Begriff ‚Sublimierung' versteht und wenden Sie diese Informationen auf den Text von Jünger an.
Ernst Jünger wurde häufig eine geistige Nähe zum Nationalsozialismus vorgeworfen. Überprüfen Sie diese von Jünger stets zurückgewiesene Behauptung am Textausschnitt. Beurteilen Sie dabei zuerst, ob diese Aufgabe in dieser Form durchführbar ist und ziehen ggf. Konsequenzen für ihre Bearbeitung.

IV Die wichtigsten Ereignisse des Jahres 1917 in chronologischer Folge

Im ‚Epochenjahr 1917' kulminierten die Entwicklungen des Krieges in dramatischer Folge. Die einzelnen Ereignisse lösten stets jeweils andere Ereignisse aus bzw. beeinflussten diese. Unter diesen Ereignissen sind zwar die russische Revolution und der Kriegseintritt der USA die entscheidenden, aber nicht die einzigen.

19. Januar 1917, Deutschland/USA
Der Staatssekretär des Auswärtigen Amtes Arthur Zimmermann, sendet dem deutschen Gesandten in Mexiko ein verschlüsseltes Telegramm, in dem Mexiko Gebietsgewinne zulasten der USA versprochen werden, wenn das Land an der Seite Deutschlands in den Krieg eintreten sollte (‚Zimmermann-Depesche'). Das Telegramm wird vom englischen Geheimdienst abgefangen.

Winter 1916/17, Deutschland
Der Winter des Jahres 1916/17 wird in Deutschland als ‚Steckrübenwinter' berüchtigt. Die Alliierten blockieren die Seehäfen der Mittelmächte, so dass viele benötigten Rohstoffe und Nahrungsmittel nicht eingeführt werden können. Hinzu kommt, dass bei Beginn des Krieges keine Planungen für Lebensmittelengpässe vorgenommen worden waren. Dies war die Folge der trügerischen Erwartung eines kurzen Krieges. Die Versorgungslage der deutschen Bevölkerung mit Nahrung, die bereits 1915 problematisch zu werden begonnen hatte, wird im ‚Steckrübenwinter' durch Ernteausfälle katastrophal. In der Not werden die einzig reichlich vorhandenen Steckrüben für Speisen aller Art verwendet. Das Durchschnittsgewicht eines erwachsenen Deutschen sinkt von 1914 bis 1918 von 60 auf 49 kg. Der ‚Steckrübenwinter' und die auch im weiteren Jahr mangelhafte Ernährungslage führen zu zahlreichen öffentlichen Protesten und schwächen den Widerstandwillen an der deutschen ‚Heimatfront' erheblich. Mitte April erfolgen ‚Hungerstreiks' in zahlreichen deutschen Großstädten, bei denen zunehmend auch politische Forderungen artikuliert werden.

22. Januar 1917, USA
In einer Rede vor dem Senat fordert der amerikanische Präsident Woodrow Wilson einen „Frieden ohne Sieg" und ein Selbstbestimmungsrecht der Völker. Zum Zeitpunkt dieser Rede geht der Präsident noch davon aus, die USA aus dem Krieg heraushalten zu können. Mit England verbinden die USA Sprache und kulturelle Tradition, mit Frankreich die Erinnerung an die Hilfe im Unabhängigkeitskrieg. Deutschland gilt vielen als Hort eines dumpfen Pickelhauben-Militarismus. Die deutschen Kriegsverbrechen im besetzten Belgien 1914 werden in den USA in propagandistischer Überspitzung dargestellt und verdüstern das deutsche Ansehen zusätzlich. Dennoch sieht nur eine Minderheit in den USA zu diesem Zeitpunkt eine Notwendigkeit, in den Krieg in Übersee einzugreifen. Außerdem muss die amerikanische Politik Rücksicht auf die große Minderheit von US-Bürgern deutscher Herkunft nehmen, die sich auf 8 Millionen beläuft, von denen immerhin noch 2,5 Millionen in Deutschland geboren wurden. Die deutsche Regierung lehnt Wilsons Friedensbotschaft wenige Tage später ab.

1. Februar 1917, Deutschland
Die Oberste deutsche Heeresleitung („OHL") unter Führung des ‚Siegers von Tannenberg' Hindenburg und des Generals Erich Ludendorff, die sich im Laufe des Krieges zunehmende Machtbefugnisse unter Umgehung des Reichstags und des Kaisers angeeignet hatte, beschließt den „uneingeschränkten U-Boot-Krieg" Die deutschen U-Boote sollten befugt werden, ohne Vorwarnung alle Schiffe in britischen Gewässern, auch neutrale Handelsschiffe, anzugreifen. Auf diese Weise hofft man, den feindlichen Nachschub unterbrechen und die Seeblockade gegen die Mittelmächte lockern zu können. Zahlreiche Kritiker halten diese Pläne wegen ihrer Ungesetzlichkeit und der Gefahr eines Kriegseintritts der USA, die sich bereits 1915 sehr massiv gegen die Verwendung von U-Booten ausgesprochen hatten, für sehr riskant.

3. Februar 1917, USA
Die USA brechen die diplomatischen Beziehungen zu Deutschland ab.

1. März 1917, USA
Die ‚Zimmermann-Depesche' wird veröffentlicht. Die Wirkung für das deutsche Ansehen in den USA ist verheerend.

8.–21. März 1917, Russland
Das russische Zarenreich war zu Beginn des Krieges ein Land mit großen sozialen Spannungen. Einer sehr schmalen wohlhabenden Führungsschicht standen Millionen benachteiligter Bauern und Industriearbeiter gegenüber.

IV Mc Zar Nikolaus II. und Zarin Alexandra Fjodorowna im Krönungsornat, Foto 1896

Karte zum veränderten Frontverlauf im Frühjahr 1917 aus: Beumelburg, Werner: „Die stählernen Jahre. Das deutsche Buch vom Weltkrieg“, erschienen 1929.

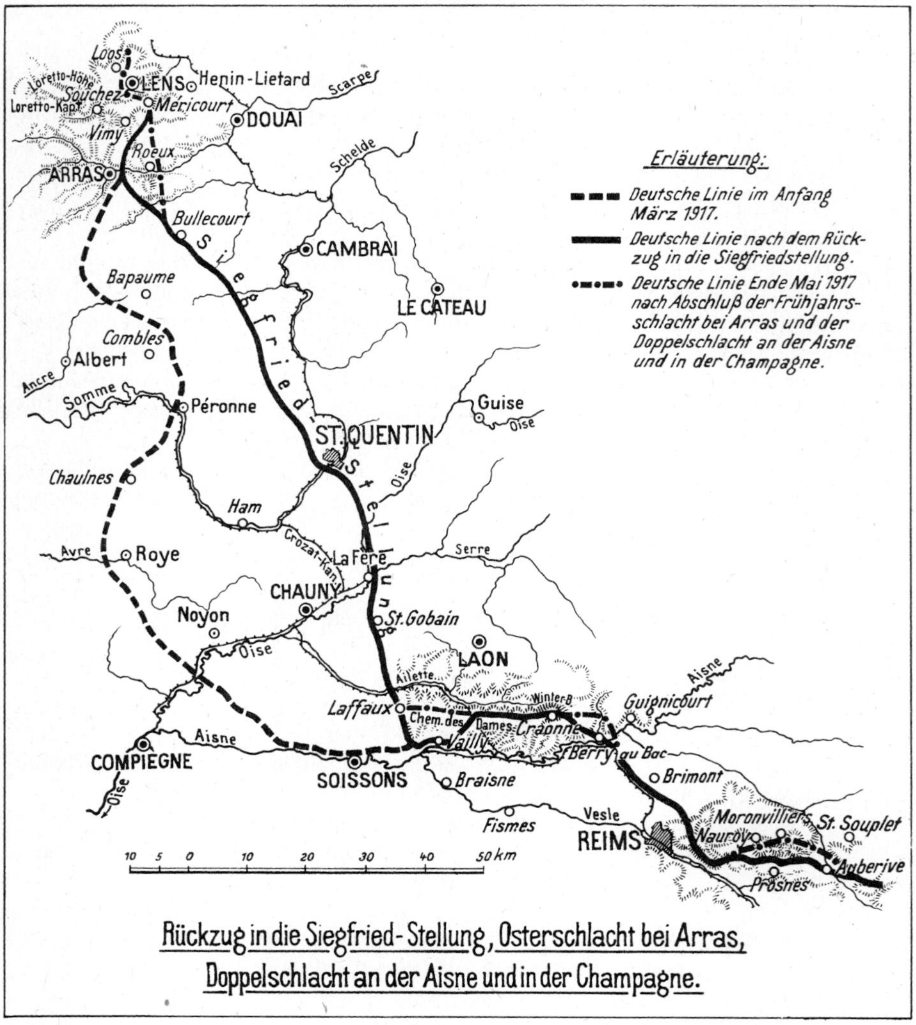

Anders als z. B. in Deutschland wurden die sozialen Spannungen, die sich durch die Industrialisierung und die Entstehung eines Industrieproletariats ergaben, nicht durch den Versuch einer sinnvollen Sozialpolitik abgefedert. Nach einer ersten Revolution im Jahre 1905 gewährte der Zar Rede-, Presse- und Versammlungsfreiheit, und es konnte nach Klassenwahlrecht ein Parlament, die ‚Duma', gewählt werden. In den folgenden Jahren gründeten sich gemäßigte bürgerliche, sozialdemokratische und radikale Parteien, die unterschiedliche Vorstellungen von der Gestaltung des russischen Staates hatten. Die radikalsten Vorstellungen gingen von den ‚Bolschewiki' aus. Die ‚Bolschewiki' (= Mehrheitler) gingen aus einer Auseinandersetzung mit gemäßigten Gegnern (‚Menschewiki' = Minderheitler) innerhalb der 1898 gegründeten „Allrussischen Sozialdemokratischen Arbeiterpartei“ über den weiteren politischen Kurs hervor. Die marxistischen Bolschewiki, die vor allem von Arbeitern unterstützt wurden, wollten die Umwandlung des Zarenreichs in eine sozialistische Republik erreichen. Der Staat sollte durch Arbeiter- und Bauernräte (‚Sowjets') geleitet werden. Geführt wurde die Partei durch den Anwalt Wladimir Iljitsch Uljanow, genannt ‚Lenin', der 1895 verhaftet und zu dreijähriger Verbannung in Sibirien verurteilt wurde und der seit 1907 im Exil in der Schweiz lebte.
Die sozialen Probleme konnten nach der Revolution von 1905 insbesondere wegen der großen Differenzen zwischen den Parteien und der mangelnden Reformbereitschaft der alten Führungseliten aus Adel und Geistlichkeit nicht gelöst werden. Auch die unzureichende Infrastruktur und die häufig korrupte Verwaltung des Landes blieben problematisch. Zar Nikolaus II. war ebenfalls nicht in der Lage, die Dringlichkeit tiefgreifender Reformen zum Wohle der Bevölkerungsmehrheit zu erfassen. So wurde das Land 1912, 1913 und 1914 von großen Streikwellen erfasst, auf die der Zar und die russische Regierung zunehmend mit dem Einsatz von Militär reagierten. Ein Volksaufstand der Benachteiligten drohte unmittelbar vor Kriegsausbruch. Allerdings vermochten der Kriegsausbruch und die damit verbundene patriotische Begeisterung eines Teils der Bevölkerung die Probleme für einige Zeit zu überdecken. Nach schweren, insbesondere durch mangelhafte Ausrüstung, Planungsfehler und unzureichende Menschenführung verursachte Niederlagen der russischen Armee in den Jahren 1915 und 1916 traten die sozialen Gegensätze jedoch umso stärker wieder zutage.
Nach weiteren, zum Teil durch die auch in Russland mangelhafte Versorgungslage motivierten Streiks erheben sich schließlich die Arbeiter in der Hauptstadt in St. Petersburg, das seit 1914 Petrograd hieß. Die Soldaten der dortigen Garnison, die vom Zaren den Befehl erhalten, auf die Streikenden zu schießen, solidarisieren sich mit den Arbeitern. Die Abgeordneten der Duma, die der Zar auflösen lassen möchte, verweigern sich dem entsprechenden Dekret. In Moskau erobern Revolutionäre den Kreml. Der von Arbeitern und Soldaten ausgegangenen Revolution schließen sich die liberal-bürgerlichen Par-

IV Mg Bolschewistische Soldaten versammeln sich um das Auto des früheren Zaren Nikolaus II., kurz nach der Revolution von 1917 und Nikolaus' Abdankung. Das Auto, vermutlich ein Rolls Royce, ist mit Zusätzen versehen, die ihn in einen Schlitten für eine Schneefahrt verwandeln. (Bildinformationen der Bildagentur Corbis.)

teien an, die danach in einer Provisorischen Regierung unter Georgi Fürst Lwow die Führung übernehmen und den Zaren am 15. März zum Rücktritt zwingen. Der Zar und seine Familie werden verhaftet und interniert.

2.–6. April 1917, USA
Im uneingeschränkten U-Boot-Krieg erblicken Wilson und große Teile der auch durch die ‚Zimmermann-Depesche' nun zunehmend antideutsch eingestellten öffentlichen Meinung der USA den Ausdruck deutschen Weltmachtstrebens. Nachdem der uneingeschränkte U-Boot-Krieg auch das Leben amerikanischer Seeleute und Schiffspassagiere gefordert hat, erklärt Wilson am 2. April vor beiden Häusern des Kongresses den Kriegszustand, am 6. April stimmt der Kongress für den Krieg gegen Deutschland. Trotz der vorhergegangenen Neutralität waren die USA jedoch bereits zuvor faktische Unterstützer der Alliierten gewesen. Die amerikanische Wirtschaft, die sich vor dem Krieg in einer ernsthaften Rezession befand, profitierte von kriegsbedingten Aufträgen der Entente-Mächte. Von 1914 bis 1917 war z.B. der Wert aus den USA exportierter Sprengstoffe durch die alliierten Aufträge von 6,3 auf 803 Millionen Dollar angestiegen. Bis 1917 hatten US-Firmen bereits Güter im Wert von 2 Milliarden Dollar an die Gegner der Mittelmächte verkauft und damit auch für einen inneramerikanischen Wirtschaftsaufschwung gesorgt. Die Alliierten waren auf die Rüstungslieferungen aus den USA angewiesen, die sich wiederum keinen militärischen und politischen Zusammenbruch der wichtigsten Kunden leisten wollten.

6. April 1917, Deutschland
In Gotha gründen Abgeordnete der SPD, die nicht länger bereit sind, die deutsche Kriegspolitik mitzutragen, mit der ‚USPD' (= Unabhängige Sozialdemokratische Partei Deutschlands) eine Parteiabspaltung.

7. April 1917, Deutschland
Kaiser Wilhelm II. verspricht in seiner ‚Osterbotschaft' soziale und politische Reformen für die Zeit nach dem Krieg. U.a. soll das preußische Wahlrecht reformiert werden. Allerdings bleiben die Versprechungen vage.

9. April 1917, Schweiz
In Zürich besteigt Lenin mit weiteren radikalen Revolutionären einen separaten Zugwaggon, der ihn quer durch Deutschland und Skandinavien nach Petrograd bringen soll. Der Waggon wird im Laufe der Reise jeweils an reguläre Züge angehängt, so dass es sich hier – anders als häufig dargestellt – nicht um einen Sonderzug handelt. Die Zugreise wird nach Anregung der OHL heimlich von der deutschen Regierung unterstützt, die sich vom radikalen Lenin eine weitere revolutionäre Destabilisierung Russlands und den Abschluss eines Separatfriedens erhofft. Lenin erreicht Petrograd am 16. April.

17. April 1917, Russland
Lenin verkündet seine ‚Aprilthesen', in denen er eine sozialistische Revolution, Enteignungen zugunsten der Arbeiter und Bauern und die Abdankung der bürgerlichen Regierung fordert.

19. April 1917, Westfront
Die deutsche Frontbegradigung durch Rückzug in die noch immer weit in Belgien und Frankreich liegende ‚Siegfriedlinie' ist abgeschlossen. Die verlassenen Gebiete werden systematisch zerstört.

April/Mai 1917, französischer Kriegsschauplatz
Mit dem Jahr 1917 wird im kollektiven historischen Gedächtnis Frankreichs vor allem der Aufstand französischer Truppen im Anschluss an die so blutige wie erfolglose ‚Nivelle-Offensive' verbunden. Trotz der überaus blutigen Erfahrungen, die beide Seiten mit den Offensiven des Jahres 1916 an der Somme und vor Verdun gemacht hatten, bleiben die Militärführer davon überzeugt, dass einzig ein erfolgreiches Durchstoßen der gegnerischen Front die Entscheidung im Krieg bringen könnte. So plant der französische Oberbefehlshaber Robert Georges Nivelle eine Großoffensive im Artois und in der Champagne. Briten und Franzosen sollen gleichzeitig die deutschen Linien angreifen. Unter anderen sieht der Plan vor, einen von den Deutschen gehaltenen Höhenzug bei Reims, den ‚Chemin des Dames' zu stürmen. Das Unternehmen wird aufseiten der Entente mit großem Optimismus erwartet. Umso schwerer trifft die Generalität und die Soldaten das Ergebnis. Die Offensive, die im April beginnt, erweist

IV Mg **Russische Soldaten ergeben sich, Galizien 1917.** (Bildinformation der Bildagentur Corbis)

sich bereits nach zwei Tagen als ein katastrophales Debakel. General Nivelle erhält von den ‚Poilus' (franz. für ‚Landser') den Beinamen ‚Blutsäufer'. Die großen Verluste führen zu wachsender Unzufriedenheit über die militärische Planung, aber auch über die Lebensbedingungen an der Front. In 45 französischen Divisionen wird im Mai schließlich gemeutert. Insbesondere weigerten sich zahlreiche Truppenteile, wieder in ihre Ausgangstellungen zurückzukehren. Unter dem Eindruck der Revolution in Russland erheben die Soldaten auch politische Forderungen. Nur noch wenige Einheiten stehen einsatzbereit an der Front. Ende April wird Nivelle als Oberbefehlshaber abgesetzt. Sein Nachfolger wird der als Verteidiger von Verdun bekannt gewordene Henri Philippe Pétain, der den drohenden moralischen und militärischen Zusammenbruch der französischen Nordarmee mit sehr widersprüchlichen Mitteln verhindern kann. 10 Prozent der Meuterer werden vor Gericht gestellt, 3 427 Soldaten werden verurteilt. Von 554 verhängten Todesurteilen werden 49 vollstreckt. 1 300 Verweigerer werden mit Zwangsarbeit bestraft. Gleichzeitig lässt Petain aber auch die Unterbringung der Soldaten, die Verpflegung und das System des Fronturlaubs verbessern.

17. Mai 1917, Russland
Der russische Revolutionär Trotzki (eigentlich Leo D. Bronstein) kehrt aus dem amerikanischen Exil zurück.

18. Mai 1917, USA
In den USA beginnt die Wehrerfassung aller Männer zwischen 21 und 30 Jahren. Drei Millionen Männer werden einberufen.

16. Juni 1917, Russland
Der Erste Allrussische Kongress der Arbeiter- und Bauernräte findet in Petrograd statt. Die Bolschewiki stellen nur 10 Prozent der Delegierten, beanspruchen aber dennoch die Führung für sich. Eine Hauptforderung der Bolschewiki ist ein sofortiger Friedensschluss.

26. Juni 1917, Frankreich
Landung der ersten amerikanischen Truppen in St. Nazaire in der Bretagne.

1.–14. Juli 1917, russischer Kriegsschauplatz
Eine massive russische Offensive beginnt, die der russische Kriegsminister in der Provisorischen Regierung, Alexander Kerenski, befohlen hat. Kerenski gehört zur Partei der sozialreformerischen ‚Menschewiki'. Nach anfänglichen Erfolgen bricht die Offensive am 14. Juli zusammen. Die russischen Truppen sind demoralisiert und erschöpft.

6. Juli 1917, Deutschland
Der Abgeordnete Matthias Erzberger vom ‚Zentrum' fordert im Reichstag einen ‚Verständigungsfrieden' ohne Annexionen.

IV Mg **Alexander Fjodrowitsch Kerenski** (4. 5. 1881 – 11. 6. 1970), russischer Politiker, Präsident der Provisorischen Regierung 21. 7. 1917 – 8. 11. 1917, bei einem Truppenbesuch im Juli 1917. (Bildinformationen der Bildagentur Interfoto)

13. Juli 1917, Deutschland
Reichskanzler Theodor von Bethmann-Hollweg tritt auf Druck des OHL zurück. Nachfolger wird der parteilose Georg Michaelis, der zugleich der erste nichtadelige Kanzler ist.

16.–18. Juli 1917, Russland
Ein bewaffneter Massenaufstand unter Führung der Bolschewiki in Petrograd gegen die Provisorische Regierung wird blutig niedergeschlagen. Die bolschewistischen Zeitungen werden verboten. Lenin flieht am 24. Juli nach Finnland, das damals noch zu Russland gehörte. Kerenski übernimmt die Provisorische Regierung.

19. Juli 1917, Deutschland
Mit den Stimmen des Zentrums, der Deutschen Fortschrittspartei und der Sozialdemokraten wird Erzbergers ‚Friedensresolution' angenommen. Allerdings führte die Resolution zu keinen ernsthaften Friedensverhandlungen seitens der deutschen Regierung unter Georg Michaelis. Noch immer hoffen weite Teile der deutschen Politik und Öffentlichkeit auf einen Siegfrieden.

1. August 1917, Vatikan
Papst Benedikt XV. fordert ebenfalls in einer Friedensbotschaft das Ende des Krieges und den Verzicht auf Annexionen. Sowohl in Deutschland wie bei den Entente-Mächten findet der Papst kein Gehör der verantwortlichen Politiker.

2.–5. August 1917, Deutschland
In Wilhemshaven demonstrieren Matrosen für den Frieden, es kommt zu Meutereien. Fünf Anführer der Meuterer werden Ende des Monats hingerichtet.

2. September 1917, Deutschland
Als Reaktion auf die von ihnen abgelehnte Friedensresolution des Reichstags gründen der für die deutsche Flottenrüstung zuständige Admiral Alfred von Tirpitz und der ostpreußische Generallandschaftsdirektor Wolfgang Kapp die ‚Deutsche Vaterlandspartei'. Die ‚Vaterlandspartei' agitiert in der Öffentlichkeit erfolgreich mit verleumderischen Methoden für einen Siegfrieden. Die Partei wächst rasch zur ersten rechtsnationalen deutschen Massenorganisation heran.

14. September 1917, Russland
Kerenski proklamiert die Republik und beruft eine neue Regierung.

19. September 1917, Russland
Im Petrograder Sowjet übernehmen die Bolschewiki die Führung.

19.–23. Oktober 1917, Russland
Die Duma wird aufgelöst. Die Bolschewiki verweigern sich der Mitarbeit am weiteren republikanischen Aufbau des Landes und beschließen den Versuch eines weiteren bewaffneten Aufstands.

24.–30. Oktober 1917, Alpenfront
Eine Offensive der Mittelmächte am Isonzo gegen Italien hat großen Erfolg. Die italienische Armee befindet sich in Auflösung

IV Mg **General John Joseph ‚Black Jack' Pershing (1860–1948) betritt französischen Boden.** Foto, Sommer 1917

1. November 1917, Deutschland
Nachdem der Reichstag den Rücktritt des Kanzlers Michaelis wegen dessen zögerliche Haltung zur Friedensresolution erzwungen hat, ernennt Wilhelm II. den bayerischen Ministerpräsidenten Georg Graf von Hertling zum Nachfolger.

7.–9. November 1917, Russland
Die sogenannten ‚Roten Garden' der Bolschewiki belagern und stürmen das Petrograder ‚Winterpalais', den Sitz der Provisorischen Regierung. Die Mitglieder der Provisorischen Regierung werden verhaftet, Kerenski flieht zu seinen Truppen, wird dort jedoch einige Tage später von Aufständischen vernichtend geschlagen. Kerenski gelingt die Flucht ins Ausland. Die Bolschewiki gründen eine Regierung der Volkskommissare unter Führung Lenins. Die siegreiche Oktoberrevolution der Bolschewiki beendet das Experiment einer bürgerlich-republikanischen Ordnung in Russland.

20. November 1917, französischer Kriegsschauplatz
Bei Cambrai gelingt britischen Panzern (‚Tanks') der erste erfolgreiche Einsatz dieser neuen Waffengattung.

5. Dezember 1917, russischer Kriegsschauplatz
Im galizischen Ort Brest-Litowsk vereinbaren Russland und das Deutsche Reich einen zehntägigen Waffenstillstand, der am 15. Dezember verlängert wird. Die Waffenstillstandverhandlungen münden im März 1918 in den Vertrag von Brest-Litowsk. Die neue russische Regierung erkauft sich die Umsetzung eines ihrer wichtigsten Versprechen, die Beendigung des Krieges, mit großen Gebietsabtretungen an Deutschland.

4

IV Mg Russische Revolution 1917. Newski Prospekt in Petersburg: Kerenski ließ auf Demonstranten schießen, Tote, Panik. (Bildinformation der Bildagentur Interfoto)

IV Ma Das Jahr 1917 in der chronologischen Auflistung der „Enzyklopädie Erster Weltkrieg" 2003

1917	
10. Jan.	Die Ententemächte geben in einer gemeinsamen Note erstmals ihre Kriegsziele bekannt.
12. Jan.	Hungerprotest vor dem Rathaus in Hamburg. Es folgen weitere öffentliche Proteste im dt.'Steckrübenwinter'.
22. Jan.	In einer Rede vor dem US-Senat fordert Präsident Wilson einen Frieden ohne Sieg' und ein Selbstbestimmungsrecht der Völker.
1. Febr.	Das Deutsche Reich erklärt den uneingeschränkten U-Boot-Krieg.
3. Febr.	Die USA brechen die diplomatischen Beziehungen zu Deutschland ab.
9. Febr.	Beginn des dt. ‚Unternehmens Alberich': Rücknahme eines Frontbogens an der Westfront (dabei massive Zerstörungen)
8. März	Ausbruch der russ. Februarrevolution: Abdankung des Zaren (15.3.) und Bildung einer Provisorischen Regierung.
16.–19. März	Dt. Rückzug in die ‚Siegfried-Stellung'.
11. März	Brit. Truppen erobern Bagdad.
26./27. März	1. Schlacht um Gaza.
6. April	Die USA erklären Deutschland den Krieg.
7. April	‚Osterbotschaft' Wilhelms II.: Der Kaiser verspricht die Aufhebung des preußischen Dreiklassenwahlrechts nach Kriegsende.
9. April	Angriff brit. Truppen (mit Tanks) bei Arras.
11. April	Gründung der USPD in Gotha. Mitte April ‚Hungerstreiks' in Berlin, Leipzig und anderen dt. Großstädten gegen die Verschlechterung der Lebensmittelversorgung. Die Proteste werden zunehmend politisch.
16. April	Beginn der 3. Champagne-Schlacht (bis 25.5.) und der Schlacht am Chemin des Dames (Nivelle-Offensive).
17. April	2. Schlacht um Gaza (bis 20.4.).
23. April	Kriegszielkonferenz der Mittelmächte in Bad Kreuznach (‚Kreuznacher Programm').
29. April	Meutereien frz. Einheiten am Chemin des Dames (bis Anfang Juni).
4. Mai	Beginn der Beratungen des Verfassungsausschusses des Reichstags über Verfassungsreformen.
15. Mai	Petain löst Nivelle als Oberbefehlshaber ab.
18. Mai	In den USA beginnt die Wehrerfassung aller Männer zwischen 21 und 30 Jahren.
7. Juni	Beginn der Schlacht am Wytschaete-Bogen (leitet über zur 3. Flandern-Schlacht).
27. Juni	Griechenland tritt der Entente bei.
29. Juni	Griechenland erklärt dem Deutschen Reich, Österreich-Ungarn, dem Osmanischen Reich und Bulgarien den Krieg.
1. Juli	Beginn der erfolglosen russ. Kerenski-Offensive (bis Ende Juli).
6. Juli	Matthias Erzberger (Zentrum) fordert im Reichstag einen Verständigungsfrieden ohne Annexionen. Bildung eines Interfraktionellen Ausschusses.
7. Juli	Der bislang größte dt. Luftangriff auf London fordert 54 Tote und 190 Verwundete.
14. Juli	Rücktritt Bethmann Hollwegs: Nachfolger wird Georg Michaelis.
19. Juli	‚Friedensresolution' des Reichstags.
31. Juli	Beginn der 3. Flandern-Schlacht (bis Anfang Nov.).
1. Aug.	Friedensnote des Papstes Benedikt XV.
5. Aug.	Meutereien in der dt. Hochseeflotte.
14. Aug.	China erklärt dem Deutschen Reich und Österreich-Ungarn den Krieg.
26. Aug.	Petains Offensive bei Verdun führt zur Rückeroberung der Höhe ‚Toter Mann'.
2. Sept.	Alfred von Tirpitz und Wolfgang Kapp gründen die Deutsche Vaterlandspartei.
3. Sept.	Dt. Truppen besetzen Riga.
23. Okt.	Dt. Verbände räumen den Chemin des Dames.
24. Okt.	Beginn der 12. Isonzo-Schlacht (Caporetto): Durchbruch der Mittelmächte bis zur Piave (bis 2.12.).
26. Okt.	Angriff kanad. Einheiten bei Passchendaele (Ypern-Bogen): Einnahme am 6. Nov.

31. Okt.	Gaza-Beerscheba-Schlacht (3. Schlacht um Gaza): brit. Durchbruch an der Sinai-Front.
1. Nov.	Reichskanzler Michaelis wird durch Graf Hertling abgelöst.
5. Nov.	Die dt.-österr. Kriegszielkonferenz in Berlin beschließt die Vereinigung des russ. Teils Polens und Galiziens mit dem Königreich Polen sowie die Angliederung von Litauen und Kurland an das Deutsche Reich (‚Polen-Proklamation').
7. Nov.	Oktoberrevolution (julianischer Kalender: 25. Okt.) in Russland: Die bürgerliche Regierung wird durch die Bolschewiki unter Lenin gestürzt.
8. Nov.	‚Dekret über den Frieden': Internationaler Appell des russ. Kongresses der Arbeiter- und Soldatenräte zur Aufnahme von Friedensgesprächen (‚Frieden ohne Annexionen und Kontributionen').
20. Nov.	Beginn der Tank-Schlacht von Cambrai.
3./15. Dez.	‚Waffenstillstandsverhandlungen' der Mittelmächte mit Russland in Brest-Litowsk.
6. Dez.	Russland proklamiert die Unabhängigkeit Finnlands.
7. Dez.	Kriegserklärung der USA an Österreich-Ungarn.
Mitte Dez.	Vollständige Besetzung Deutsch-Ostafrikas durch brit. Truppen.
22. Dez.	Aufnahme von Verhandlungen zwischen Russland und den Mittelmächten über einen Separatfrieden (Brest-Litowsk).

Aus: Enzyklopädie Erster Weltkrieg, hrsg. v. Gerd Krumeich u. a. Paderborn 2003. S. 989 f.

IV Mb Die ‚Zimmermann-Depesche' vom 19. Januar 1917

Telegramm Nr. 158. Ganz geheim.
Berlin, 19. Januar 1917.

Zu Euerer Exzellenz ausschließlich, persönlichen Information und Weitergabe an Kaiserlichen Gesandten (Mexiko) auf sicherem Wege: „Telegramm Nr. 1 Ganz geheim Selbst entziffern.

Wir beabsichtigen, am 1. Februar uneingeschränkten U-Boot-Krieg zu beginnen. Es wird versucht werden, Amerika trotzdem neutral zu erhalten. Für den Fall, dass dies nicht gelingen sollte, schlagen wir Mexiko auf folgender Grundlage Bündnis vor: Gemeinsame Kriegführung. Gemeinsamer Friedensschluss. Reichliche finanzielle Unterstützung und Einverständnis unsererseits, dass Mexiko in Texas, Neu-Mexiko, Arizona früher verlorenes Gebiet zurückerobert. Regelung im einzelnen Euer Hochwohlgeboren überlassen.

Euer Hochwohlgeboren wollen Vorstehendes Präsidenten streng geheim eröffnen, sobald Kriegsausbruch mit Vereinigten Staaten feststeht, und Anregung hinzufügen, Japan von sich aus zu sofortigem Beitritt einzuladen und gleichzeitig zwischen uns und Japan zu vermitteln.

Bitte Präsidenten darauf hinzuweisen, dass rücksichtslose Anwendung unserer U-Boote jetzt Aussicht bietet, England in wenigen Monaten zum Frieden zu zwingen.

Empfang bestätigen."

Zit. nach: Michaelis, Herbert; Schraepler, Ernst (Hrsg.): Ursachen und Folgen. Vom deutschen Zusammenbruch 1918 und 1945 bis zur staatlichen Neuordnung Deutschlands in der Gegenwart. Bd. I. Die Wende des Weltkrieges und der Beginn der innerpolitischen Wandlung 1916/1917. Berlin 1958. S. 151 f.

IV Mb Zum Beginn des Ersten Weltkrieges in Europa nimmt Präsident Wilson im August 1914 in einer Botschaft an den Senat Stellung

Die Auswirkung des Krieges auf die Vereinigten Staaten wird davon abhängen, was die amerikanischen Bürger sagen und tun. Jedermann, der Amerika wirklich liebt, wird in einem ehrlichen Geist der Neutralität handeln und sprechen, das heißt in einem Geist der Unparteilichkeit und Fairness und Freundlichkeit gegenüber allen Betroffenen. Die Stimmung der Nation in dieser kritischen Angelegenheit wird hauptsächlich davon bestimmt, was Individuen und die Gesellschaft und jene, die in öffentlichen Zusammenkünften sich versammeln, tun und sagen, sie wird davon abhängig sein, was Zeitungen und Magazine enthalten, wird weiters davon abhängen, was Geistliche auf der Kanzel sagen und was die Menschen als ihre Meinungen auf der Straße zum Ausdruck bringen.

Die Menschen der Vereinigten Staaten kommen von vielen Nationen, und hauptsächlich von den Nationen, die sich jetzt im Krieg befinden. Es ist natürlich und unvermeidlich, dass es die größte Vielfalt von Sympathien und Wünschen unter ihnen gibt im Hinblick auf die Anliegen und Umstände des Konfliktes. Einige werden wünschen, dass diese Nation, andere, dass jene Nation in dem momentanen Streit Erfolg haben wird. Es wird leicht sein, Leidenschaft anzufachen, und schwierig, sie zu mäßigen. [...]

Solche Spaltungen unter uns würden fatal sein für unseren Seelenfrieden und würden ernsthaft den Vollzug unserer Pflicht als die einzige große Nation im Friedenszustand gefährden, als das einzige Volk, das sich selbst bereit hält, eine Rolle der unparteiischen Vermittlung zu übernehmen und Ratschläge zu geben, für Frieden und Entgegenkommen, und zwar nicht als jemand, der Partei ergreift, sondern als ein Freund.

Ich wage daher, meine Mitbürger, an Sie ein feierliches Wort der Warnung zu richten gegen jenen tiefsten, subtilsten und wichtigsten Bruch der Neutralität, welcher aus einer Parteinahme entspringen kann, wenn man leidenschaftlich für eine Seite Partei ergreift. Die Vereinigten Staaten müssen ihrem Handeln nach wie auch dem Worte nach während dieser Tage, die eine Versuchung darstellen für die Seelen der Menschen, neutral bleiben. Wir müssen unparteiisch sein sowohl im Denken als auch im Handeln, wir müssen unsere Gefühle zügeln und auch jede unserer Handlungen im Zaune halten, die als eine Bevorzugung der einen Streitpartei gegenüber der anderen aufgefasst werden könnten.

Zit. nach: Scharmbeck, Herbert: Dokumente zur Geschichte der Vereinigten Staaten von Amerika. Berlin ²2007, S. 431 f.

IV Mb Neutralitätskurs der USA. Ein US-amerikanisches Schulbuch für die High School (1999),

Nach Ausbruch des Krieges reagierten viele Amerikaner überrascht und geschockt. Nachdem sich die erste Aufregung gelegt hatte, sahen viele diesen Krieg als weit entfernten Konflikt an, mit dem die USA nichts zu tun hatten. Ein amerikanischer Diplomat schrieb zu dieser Zeit: ‚Wieder einmal danke ich dem lieben Gott für den Atlantischen Ozean.'

Es kam daher nicht überraschend, dass Präsident Wilson große Unterstützung für seine angekündigte Neutralitätspolitik erhielt. Er forderte alle Amerikaner auf, neutral zu bleiben – sowohl im übertragenen als auch im wörtlichen Sinn – und unbeteiligt – sowohl in Gedanken als auch in

IV Mb Enlist

Die Torpedierung und Versenkung des amerikanischen Passagierschiffes „Lusitania“ wurde von der alliierten Propaganda in einer Vielzahl von Schriften und Plakaten 1915/16 zu Propagandazwecken aufgegriffen.
Das Poster „Enlist“ von Fred Spear (81 × 58 cm) wurde im Juni 1915 vom Boston Committee of Public Safety herausgegeben.

ihrem Handeln. Wilson war der Ansicht, dass die Vereinigten Staaten durch diese neutrale Einstellung eine Mittlerrolle in der Lösung des Konfliktes spielen könnten. Dieses Ziel verfolgte er in den Jahren 1915 und 1916, allerdings ohne Erfolg.

Mit Verlauf des Krieges verhielten sich die meisten Amerikaner zwar neutral in ihrem Handeln, aber nur wenige konnten von sich behaupten, auch in Gedanken unparteiisch zu sein. Rund 28 Millionen Amerikaner und damit fast 30 Prozent der Bevölkerung waren Immigranten oder die Kinder von Immigranten. Viele Frauen und Männer mit deutschen, österreichischen, ungarischen oder türkischen Wurzeln sympathisierten mit den zentralen Kriegsmächten. Dies traf auch auf viele Irland-stämmige Amerikaner zu, die Irland aus den Händen Großbritanniens befreien wollten.

Ein Großteil der Amerikaner unterstützte allerdings die Alliierten. Viele US-Bürger fühlten sich aufgrund ihrer Abstammung, Sprache und Kultur mit Großbritannien verbunden. Es bestanden allerdings auch starke und lang anhaltende Verbindungen zu Frankreich. Schließlich hatte Frankreich den USA geholfen, ihren Unabhängigkeitskrieg zu gewinnen. Die Briten förderten die amerikanische Unterstützung der Alliierten durch eine geschickte Propagandakampagne, in der die Deutschen als brutale Kriegstreiber dargestellt wurden. […]

Trotz der verfolgten Neutralitätspolitik blieben die Vereinigten Staaten nicht unberührt von diesem Krieg. Mit Kriegsbeginn blockierte die britische Marine die deutschen Küstenstreifen und versenkte Minen in der Nordsee. Sie stoppte sogar amerikanische Schiffe, die Häfen in neutralen Ländern anlaufen wollten, und untersuchten die Ladungen, einschließlich der Post, nach Waren, die möglicherweise nach Deutschland gehen sollten. Die Vereinigten Staaten protestierten gegen dieses Vorgehen und beschuldigten die Briten, die amerikanische Neutralität zu verletzen.

Die amerikanische Feindseligkeit den Briten gegenüber nahm ab, als die Deutschen U-Boote in den Krieg einbrachten. Anfang 1915 errichtete Deutschland um Großbritannien herum eine ‚Kriegszone'. Alle Schiffe, die in dieses Gebiet eintraten, begaben sich in Gefahr, von U-Booten angegriffen zu werden. Dies betraf auch Schiffe aus neutralen Staaten. Daraufhin kündigte Wilson an, dass die USA das Deutsche Reich entsprechend der internationalen Neutralitätsgesetze zur Rechenschaft ziehen würden, wenn es auf hoher See zum Angriff auf amerikanische Bürger oder amerikanisches Eigentum kommen sollte.
Am 29. März 1915 versenkte ein U-Boot ein britisches Passagierschiff in der Irischen See, wobei mehr als 100 Menschen starben. Unter den Toten befand sich auch ein Amerikaner. Während in den USA über eine entsprechende Reaktion diskutiert wurde, kam es zu einem noch schwer wiegenderem Vorfall. Am 7. Mai 1915 griff ein deutsches U-Boot, das die irische Küste patrouillierte, das britische Passagierschiff ‚Lusitania' an. Unter den Toten befanden sich 128 Amerikaner. Der New York Herald beschuldigte die Deutschen der ‚Piraterie auf hoher See' und die New York Times bezeichnete die Deutschen als ‚blutverschmierte Wilde'. Viele empörte Amerikaner stimmten dem zu. Führende deutsche Politiker versuchten ihre Schritte zu rechtfertigen und erklärten, dass zuvor Anzeigen in amerikanischen Zeitungen veröffentlicht worden waren, in denen vor dem Beschiffen der Kriegsgewässer gewarnt wurde. Außerdem beschuldigten sie die ‚Lusitania', Rüstungsgüter für England befördert zu haben. Diese Anschuldigung stellte sich im Nachhinein als richtig heraus.
Wilson protestierte dennoch heftig und forderte von der deutschen Regierung konkrete Versprechen zur Unterlassung eines uneingeschränkten U-Boot-Krieges. In Folge dessen trat der amerikanische Außenminister William Jennings Bryan zurück, da er der Meinung war, dass der Protest des Präsidenten letztlich ein Ultimatum bedeuten würde hinauslaufen , und dass sich ein solches Ultimatum nicht mit dem Neutralitätsgrundsatz der USA vereinbaren ließe. Er sah die Gefahr, dass das Land über kurz oder lang mit in den Krieg gezogen werden würde.

Aus: Boyer, Paul: The American Nation. (High School 9-12) Holt, Rinehart and Winston 1999, S. 591f.

IV Mb Rede Wilsons vor dem Senat am 22. Januar 1917

Vor allem scheint mir die Voraussetzung unerlässlich, dass ein Friede ohne Sieg geschlossen werden muss. Ich bitte um Erlaubnis, meine eigene persönliche Interpretation darüber geben zu dürfen, und ich bitte festzuhalten, dass ich dabei an keine fremde Interpretation gedacht habe. Ich suche den Wirklichkeiten ins Gesicht zu sehen, ohne jede ungeeignete Heimlichtuerei. Ein Sieg würde bedeuten einen Frieden, der dem Verlierer aufgezwungen ist, würde die Bedingungen des Siegers bedeuten, die dem Unterlegenen auferlegt werden, er würde nur mit dem Gefühl der Demütigung hingenommen werden, unter Härten, unter unerträglichen Opfern, er würde einen Stachel zurücklassen, ein Rachegefühl, eine bittere Erinnerung, auf denen der geschlossene Friede nicht dauernd, sondern nur wie auf Treibsand ruhen würde. Nur ein Friede zwischen gleich und gleich geschlossen, kann dauern. Ja, das Prinzip des Friedens selbst ist Gleichheit und gleiche Teilnahme an gemeinsamem Vorteil. Der rechte Geisteszustand, die richtige Empfindung zwischen Völkern, um einen dauernden Frieden zu schließen, bedingt eine gerechte Regelung der quälenden Territorialfragen der völkischen und nationalen Ansprüche.
Diese Gleichheit der Völker, zwischen denen ein dauernder Friede geschlossen werden soll, muss eine Gleichheit ihrer Rechte sein. Die ausgetauschten Bürgschaften dürfen keinen Unterschied zwischen großen und kleinen Nationen kennen, keinen zwischen starken und schwachen. Das Recht muss gegründet sein auf eine gemeinsame Stärke, nicht auf eine individuelle Stärke, auf die gemeinsame Kraft aller Völker, von deren Einvernehmen der Friede abhängen wird. Dabei kann es natürlich keine Gleichheit des Territoriums und der Kraftmittel geben; wie überhaupt keine andere Gleichheit, die nicht aus der friedlichen und gesetzlichen Entwicklung der Völker selbst herrührt, aber niemand verlangt und erwartet mehr als eine Gleichheit der Rechte. Die Menschheit sieht jetzt nach der Freiheit des Lebens aus, nicht nach einem Gleichgewicht der Mächte.
Aber noch eine tiefere Angelegenheit als selbst die Gleichheit des Rechts zwischen organisierten Nationen ist hier mit verstrickt. Kein Friede kann dauern oder dürfte dauern, der nicht das Prinzip anerkennt und gelten lässt, dass die Regierungen alle ihre gerechte Macht nur von der Zustimmung der Regierten erhalten und dass es nirgendwo ein Recht gibt, Völker von einem Potentaten dem anderen auszuhändigen, als ob sie Eigentum wären. Ich halte es z.B. für sicher, wenn ich mich an ein einzelnes Beispiel heranwagen kann, dass alle Staatsmänner darin übereinstimmen, dass es ein geeintes, unabhängiges und autonomes Polen geben sollte, und dass daher unverletzliche Sicherheiten des Lebens, des Glaubens und der wirtschaftlichen und gesellschaftlichen Entwicklung allen Teilen dieses Volkes verbürgt werden müssten, die bisher unter der Macht von andersgläubigen und gegnerisch gesinnten Regierungen lebten.
Ich spreche davon nicht, weil ich wünschte, ein abstraktes politisches Prinzip nachdrücklich zu unterstreichen, das bisher allen Freiheitsfreunden in Amerika teuer war, sondern nur aus dem gleichen Grunde, aus dem ich über die übrigen mir unerlässlich scheinenden Vorbedingungen des Friedens gesprochen habe, nur weil ich ganz aufrichtig Wirklichkeiten enthüllen möchte. Jeder Friede, der nicht dieses Prinzip anerkennt und annimmt, wird unvermeidlich scheitern. Ich will nicht bei den Neigungen und der Überzeugung der Menschheit verweilen. Der gärende Geist der Bevölkerungen wird findig und beständig dafür kämpfen, und die ganze Welt wird darin mit ihm sympathisieren. Die Welt kann nur friedlich sein, wenn ihr Leben auf fester Grundlage ruht, eine solche Stabilität kann aber nicht existieren, wo rebellischer Wille vorhanden bleibt, wo nicht Ruhe des Geistes, wo nicht Gerechtigkeitsgefühl, Freiheit und Recht vorhanden ist.
Außerdem sollte, soweit wie irgend durchführbar, jedem Volk, das jetzt um die volle Entwicklung seiner Mittel und seiner Macht kämpft, ein direkter Zugang zu den großen Verkehrsstraßen des Meeres zugebilligt werden. Wo dies nicht durch Abtretung von Territorium geschehen kann, kann es zweifellos durch die Neutralisierung direkter Wegerechte unter der allgemeinen Friedensbürgschaft geschehen. Bei gerechten Vereinbarungen dürfte kein Volk vom freien Zutritt zu den offenen Pfaden des Welthandels abgeschlossen bleiben.

Zit. nach: Michaelis, Herbert; Schraepler, Ernst (Hrsg.): Ursachen und Folgen. Vom deutschen Zusammenbruch 1918 und 1945 bis zur staatlichen Neuordnung Deutschlands in der Gegenwart. Bd. I. Die Wende des Weltkrieges und der Beginn der innerpolitischen Wandlung 1916/1917. Berlin 1958. S. 96f.

IV Mb Der Eintritt der USA in den Krieg. Der britische Botschafter Cecil Spring-Rice im November 1915

Wenn man die Dinge brutal beim Namen nennen will, so muss man auf die Tatsache hinweisen, dass Amerika durch den Krieg und unsere Nachfrage nach Waren aus einer großen Handelskrise errettet worden ist. [...] Wir haben daher Anspruch, als sein bester Kunde behandelt zu werden; im gegenwärtigen Augenblick sind unsere Aufträge an Amerika für die Prosperität dieses Landes von absolut wesentlicher Bedeutung.

Zit. nach: Morison, Samuel Eliot, Commager, Henry Steele: Das Werden der amerikanischen Republik, Band II, Stuttgart 1950, S. 500.

IV Mb Wertung der Aufnahme des uneingeschränkten U-Boot-Krieges

Am 9. Januar 1917 fiel daraufhin [...] die verhängnisvolle Entscheidung, am 1. Februar offiziell wieder zum unbeschränkten U-Boot-Krieg zurückzukehren. Damit hatten sich die Generäle der OHL im Machtkampf mit dem Reichskanzler vollends durchgesetzt. Dies war weit mehr als nur ein augenblicklicher Sieg der obersten Militärs, die auch den Kaiser auf ihrer Seite wussten. Ein bekannter Geschichtsforscher bewertet das Geschehen zu Recht als einen ‚Akt förmlicher Kapitulation der politischen Führung' vor der OHL. Außenpolitisch wirkte der Beschluss [...] unterdessen wie eine gezielte Herausforderung an die Vereinigten Staaten und deren Präsidenten Wilson. Die Regierung der USA reagierte zunächst mit dem Abbruch der diplomatischen Beziehungen zu Deutschland; mehrere lateinamerikanische Staaten und auch China schlössen sich diesem Beispiel an. Am 1. März bewilligte der US-Kongress ferner einen Antrag der Regierung zur Bewaffnung der amerikanischen Handelsschiffe. Am 6. April folgte die offizielle Kriegserklärung Washingtons an das Deutsche Reich. Kurz zuvor waren mehrere amerikanische Handelsschiffe ohne Warnung von einem deutschen Unterseeboot versenkt worden; dies hatte das Maß endgültig voll werden lassen. Mit der Kriegsbeteiligung der industriell überlegenen USA erfuhr die Entente bald einen gewaltigen Kräftezuwachs, über den die anfänglichen Erfolge der deutschen U-Boot-Operationen gegen den Schiffsverkehr der Alliierten im Atlantik nicht lange hinwegtäuschen konnten. Realistisch betrachtet hatten Deutschland und seine Verbündeten seit dem Frühjahr 1917 keine Aussicht mehr, den Krieg, der sich jetzt zum Weltkrieg ausgeweitet hatte, für sich zu entscheiden.

Aus: Grevelhörster, Ludger: Der Erste Weltkrieg und das Ende des Kaiserreichs. Geschichte und Wirkung. Münster 2004. S. 87.

IV Mb Der Kriegseintritt aus Sicht eines amerikanischen Schulbuches aus dem Jahr 1999

Am 1. Februar 1917 nahm das Deutsche Reich den U-Boot-Krieg erneut auf. Die Deutschen hofften, mit ihrer U-Boot-Flotte die Alliierten zu besiegen, bevor die Amerikaner in das Kriegsgeschehen eintraten. Wilson entsprach seiner Drohung und brach alle diplomatischen Beziehungen ab. Er ordnete außerdem die Bewaffnung amerikanischer Handelsschiffe an, die das Kriegsgebiet beschifften. Nichtsdestotrotz gelang es deutschen Torpedos, fünf amerikanische Schiffe zu versenken.

Am 1. März 1917 kam es zur Veröffentlichung eines abgefangenen Telegramms des deutschen Außenministers Arthur Zimmermann an seinen Botschafter in Mexiko, was die Spannungen erneut verstärkte. In dieser Mitteilung, die in den USA schnell als Zimmermann-Note bekannt wurde, erteilte der Minister die Anweisung, dass im Falle einer Kriegserklärung der USA an das Deutsche Reich Mexiko der Vorschlag unterbreitet werden solle, ein Bündnis mit Deutschland einzugehen. Mit deutscher Unterstützung, so das Telegramm, wären die Mexikaner dann in der Lage, ihre verlorenen Gebiete in New Mexico, Texas und Arizona zurückzuerobern.

In den darauffolgenden Wochen musste Wilson widerwillig eingestehen, dass die Vereinigten Staaten dem Krieg nicht länger fernbleiben konnten. Am 2. April 1917 sprach der Präsident vor dem Kongress und bat um die Zustimmung zu einer Kriegserklärung. [...]

Aufmerksam lauschte der Kongress der Rede Wilsons, der den deutschen U-Boot-Krieg für dessen ‚mutwillige und groß angelegte Zerstörung' verurteilte. Er beschränkte sich allerdings nicht ausschließlich auf die Schrecken des U-Boot-Krieges, sondern rief die Amerikaner zu einem Kreuzzug für eine bessere Welt auf:

‚Wir sind froh, ... auf diese Weise für einen andauernden Frieden in der Welt und die Befreiung aller Völker zu kämpfen, [...] für die Rechte großer und kleiner Nationen und das Privileg aller Menschen, ihren eigenen Lebensweg zu wählen. ... Es muss Sicherheit für die Demokratie in der Welt hergestellt werden.'

Diese Worte wurden im Kapitol mit Beifallsrufen und Applaus begrüßt. Mit bitterem Ton kommentierte Wilson dies später gegenüber seinem Berater: ‚Meine heutigen Worte bedeuten den Tod vieler unserer jungen Männer. Wie seltsam ist es, dafür zu applaudieren.'

Aus: Boyer, Paul: The American Nation. (High School 9-12) Holt, Rinehart and Winston 1999, S. 594.

IV Mb Wilsons Rede zur Kriegserklärung an Deutschland am 2. April 1917:

Neutralität ist nicht länger durchführbar oder wünschenswert, wo es um den Frieden der Welt und die Freiheit ihrer Völker geht [...]. Wir stehen am Anfang eines Zeitalters, in dem man darauf beharren wird, dass die gleichen Maßstäbe für das Verhalten und für die Verantwortlichkeit für getanes Unrecht von den Nationen und ihren Regierungen beobachtet werden sollen, die von den einzelnen Bürgern zivilisierter Staaten befolgt werden.

Wir haben keinen Streit mit dem deutschen Volk. Wir haben keine andere Empfindung ihm gegenüber als eine der Sympathie und Freundschaft. Es war nicht auf seinen Impuls hin, dass seine Regierung handelte, als sie in diesen Krieg eintrat. Es geschah nicht mit seinem vorherigen Wissen oder Beifall. Es war ein Krieg, über den entschieden wurde, wie über Kriege zu entschieden werden pflegte in alten, unglücklichen Zeiten, als die Völker nirgendwo von ihren Herrschern zu Rate gezogen und Kriege provoziert wurden im Interesse von Dynastien oder kleinen Gruppen ehrgeiziger Leute, die ihre Mitmenschen als Schachfiguren oder Werkzeuge zu benützen gewohnt waren. [...]

Wir sind froh, jetzt, da wir die Tatsachen ohne einen Schleier trügerischen Scheins sehen, dass wir so für den schließlichen Frieden der Welt und für die Befreiung ihrer Völker, die deutschen Völker eingeschlossen, kämpfen: für die Rechte der Nationen, groß und klein, und das Vorrecht der Menschen allüberall, sich ihre Weise des Lebens und des Gehorsams auszusuchen. Die Welt muss sicher gemacht werden für die Demokratie. Ihr Friede muss auf den erprobten Grundlagen politischer Freiheit errichtet werden. [...] Wir verlangen nach keiner Eroberung, keiner Herrschaft. Wir suchen nach keinem Schadenersatz für

uns selbst, keine materielle Entschädigung für die Opfer, die wir bereitwillig bringen werden. Wir sind lediglich einer der Vorkämpfer für die Rechte der Menschheit. [...] Eben weil wir ohne Groll und eigensüchtiges Ziel kämpfen, indem wir nichts für uns suchen, als was wir mit allen freien Völkern zu teilen wünschen, werden wir – darauf vertraue ich – unsere Operationen als Kriegführende ohne Leidenschaft ausführen und selbst mit stolzer Genauigkeit die Prinzipien des Rechts und des fairen Spiels beobachten, für die wir zu kämpfen versichern. [...]
Es ist eine schmerzliche und bedrückende Pflicht, meine Herren Kongressabgeordneten, die ich mit dieser Botschaft erfüllt habe. Wir haben vielleicht viele Monate der Feuerprobe und des Opfers vor uns. Es ist eine fürchterliche Sache, dieses große friedfertige Volk in den Krieg zu führen, in den schrecklichsten und verheerendsten aller Kriege, in dem die Zivilisation selbst auf dem Spiele zu stehen scheint. Aber das Recht ist wertvoller als der Friede, und wir werden für die Dinge kämpfen, die wir stets unserem Herzen zunächst getragen haben – für die Demokratie, für das Recht jener, die der Autokratie unterworfen sind, auf ein Mitspracherecht bei ihrer Regierung, für die Rechte und Freiheiten kleiner Nationen, für eine allgemeine Herrschaft des Rechts durch ein Konzert der freien Völker, das allen Nationen Frieden und Sicherheit bringen und die Welt selbst endlich frei machen wird. Solch einer Aufgabe können wir unser Leben und unser Vermögen weihen, alles was wir sind und alles was wir haben, mit dem Stolz derer, die wissen, dass der Tag gekommen ist, da Amerika die Auszeichnung erfährt, sein Blut und seine Macht für die Prinzipien darzubringen, denen es seine Geburt und sein Glück und den Frieden verdankt, den es wertschätzte. Gott helfe ihm, es kann nicht anders.

Zit. nach: Schambeck, Helmut; Widder, Helmut; Bergmann, Marcus (Hrsg.), Dokumente zur Geschichte der Vereinigten Staaten von Amerika, Berlin 1993, S. 434 ff.

IV Mb Senator George W. Norris aus Nebraska zur Kriegsbotschaft Präsident Wilsons im April 1917

Nach meiner Meinung hätten wir von Anfang an die strikteste Neutralität wahren sollen. Wenn wir das getan hätten, stünden wir jetzt nicht am Rande des Krieges. Der Krieg bringt Reichtum für die Spekulanten der Wall Street. [...] Sie wollen Geld verdienen durch den Krieg. [...] Wir gehen in den Krieg auf Befehl des Geldes. [...] Die Folgen können sein, dass Millionen unserer Brüder ihr Blut vergießen müssen, dass Millionen Frauen weinen müssen [...] und alles nur, weil wir das Recht amerikanischer Bürger wahren wollten, Waffen an Krieg führende Staaten zu liefern.

Hofstadter, Richard: Great Issues in American History, Bd. 2, New York, S. 219 ff.

IV Mb Junge amerikanische Soldaten auf dem Weg nach Europa. Propagandafoto, 1917

IV Mb Drei Soldaten

In seinem 1921 erschienenen Roman „Drei Soldaten" verarbeitet der amerikanische Schriftsteller John dos Passos (1896–1970) seine Erlebnisse als Sanitätsfreiwilliger im Ersten Weltkrieg. Er erzählt die Geschichte dreier junger Amerikaner, die 1917 in den Krieg ziehen müssen. Der erste Teil des Romans handelt von der praktischen Ausbildung und geistigen Vorbereitung der Soldaten in der Kaserne. Er spielt noch in den USA. Die drei Protagonisten des Romans lernen sich während der Vorführung eines Kinofilms für die Rekruten kennen.

'Nun, Kerls, alle zusammen!' rief der Mann, der mit weit ausgestreckten Armen vor der Filmleinwand stand. Das Piano begann zu klingen, und der vollgefüllte Raum zusammengedrängter Soldaten grölte: ‚Heil, heil, wir sind die Soldaten, Wir werden uns den Kaiser holen, Wir werden uns den Kaiser holen, Wir werden uns den Kaiser holen!' Die Balken hallten wider von den tiefen Stimmen.

Der Mann ließ aus seinem mageren Gesicht einen befriedigten Ausdruck hervorquellen: ‚Noch einmal!' sagte der Mann, ‚alle zusammen!'

Der Film hatte begonnen. John Andrews sah flüchtig um sich: in das Gesicht des Jungen aus Indiana, der neben ihm saß, auf die braunen Gesichter und kurzgeschorenen Köpfe, die sich aus den khakigekleideten Körpern um ihn erhoben. Manchmal irrten ein Paar Augen ab von dem weißen, flackernden Licht der Filmwand. Wogen von Gelächter oder von Zurufen gingen hin und her. Sie waren ja alle so gleich. In Augenblicken schienen sie nur ein einziger Organismus zu sein. […]

‚Ist das nicht ein ordentlicher Film?'

Chrisfield wandte sich ihm zu mit einem Lächeln, das die Wut vertrieb und ein angenehmes Gefühl der Kameradschaft in ihm weckte.

‚Der nächste Teil ist fein, ich habe ihn schon in Frisco gesehen', sagte der Mann an der anderen Seite von Andrews. ‚Wenn man das gesehen hat, hasst man die Hunnen.'

Der Mann am Klavier klimperte mühselig während der Pause zwischen den beiden Teilen des Films. Der Junge aus Indiana beugte sich vor Andrews, legte den Arm um dessen Schulter und sprach den anderen Mann an: ‚Du bist aus Frisco?'

‚Jaa.'

‚Das ist richtig komisch. Du kommst von der Küste, der ist aus New York und ich aus Indiana.'

‚Welche Kompanie?'

‚Bis jetzt keine.'

‚Der und ich machen Innendienst.'

‚Mistige Chose … ich heiße Fuselli.'

‚Ich Chrisfield.'

‚Ich Andrews.'

‚Wie lange dauert es, bis man aus diesem Übungsplatz rauskommt?'

‚Weiß nicht. Manche sagen drei Wochen, andere sechs Monate … Vielleicht kommt ihr in unsere Kompanie. Gestern haben sie 'ne Masse versetzt, und der Korporal sagt, dass Neue statt deren kommen werden.'

‚Verflucht nochmal! Ich will doch über See gehen.'

‚Da drüben ist's fabelhaft!' sagte Fuselli. ‚Alles ist schön. Pittoresk, wie man sagt, und die Leute gehen in Bauernkleidung herum. Ich hatte einen Onkel, der mir davon erzählt hat. Er kam aus der Nähe von Turin …'

‚Wo ist das?'

‚Weiß nicht. In Italien.'

‚Wie lange dauert die Überfahrt?'

‚Na, so eine Woche oder zwei', sagte Andrews.

‚So lange?' Doch der Film hatte wieder begonnen. Auf der Leinwand erschienen Soldaten in Pickelhauben, die in kleine belgische Städtchen einmarschierten, wo von Hunden gezogene Milchwagen und alte Frauen in Bauernkleidung zu sehen waren. Man pfiff und johlte, sobald eine deutsche Flagge erschien, und wie die Truppen auf dem Bilde vormarschierten, die Zivilisten in großen, weiten Hosen, alte Frauen in steifen Hauben bajonettierten, stießen die in das stickige Theater gepferchten Soldaten wilde Flüche gegen sie aus. Andrews fühlte, wie ein blinder Haß sich in den jungen Männern um ihn herum regte wie etwas, was ein eigenes Leben besitzt. Er verirrte sich darin, wurde davon weggeschwemmt wie von der wilden Flucht einer erschreckten Viehherde; der Schrecken legte sich wie eine drohende Hand um seinen Hals. Er beobachtete scheu die Gesichter um sich herum. Sie waren alle gespannt und rot und glänzten vor Schweiß in der Hitze des Zimmers.

Beim Verlassen des Raumes hörte Andrews, in einem festgeschlossenen Strom von Soldaten eingepfercht, einen Mann sagen: ‚Ich habe noch nie in meinem Leben eine Frau vergewaltigt. Aber bei Gott, ich werde es tun. Ich würde die Welt darum geben, ein paar von diesen verdammten deutschen Weibern zu vergewaltigen.'"

Zit. nach der deutschen Erstauflage: Dos Passos, John, Drei Soldaten, Hamburg 1960, S.20ff., Übers. Julian Gumperz

IV Mb „You are wanted by U.S. Army" US-Propagandaplakat zur Anwerbung von Freiwilligen, 1917

IV Mb **US-Soldat ‚verziert' die Außenwand eines Truppentransportzuges.** Propagandafoto, 1917.

IV Mc **„Zar, Pope und Reicher Mann reiten über die Körper der Arbeiter".** Bolschewistisches Propagandaplakat, 1917

IV Md Niedergang der Zarenherrschaft während des Krieges

Während der gesamten Zeit des Weltkrieges stellte sich in der Regierungspolitik keinerlei Kontinuität ein. Vom Juli 1914 bis zum Februar 1917 gab es vier Ministerpräsidenten, fünf Innen-, drei Außen-, drei Verkehrs- und vier Landwirtschaftsminister. Ein politisches Konzept ließ sich dahinter nicht erkennen. Es ging ausschließlich um den Erhalt des autokratischen Systems und zu häufig basierten die Entscheidungen sowohl des Zaren als auch seiner Minister auf den Launen der Zarin und den Einflüsterungen der sie umgebenden Clique. Der Widerwille gegen eine solche Politik bestand nicht allein bei den liberalen Oppositionspolitikern, sondern erfasste auch die konservativen und kaisertreuen Parteien und Personen, die über grundlegende Veränderungen des Systems nachdachten, die spätestens unmittelbar nach dem Kriege in die Wege geleitet werden sollten. Selbst in den Reihen der kaiserlichen Familie formierte sich erheblicher Widerstand [...]

Beinahe schon in aller Öffentlichkeit befassten sich Politiker, Militärs und Mitglieder der kaiserlichen Familie mit Ideen und Plänen für einen Staatsstreich, bei dem der Zar, insbesondere jedoch die Zarin, entmachtet werden sollten. Die in der Öffentlichkeit kursierenden Gerüchte über angebliche Orgien am kaiserlichen Hofe, an denen die Zarin, ihre Töchter und Hofdamen teilnähmen, trugen ebenfalls zum Verlust des Ansehens der Herrscherfamilie bei. Zugleich wurden Alexandra Fjodorowna und die umgebenden Kreise verdächtigt, insgeheim mit den Deutschen zu paktieren.

All dies traf in keiner Weise zu, doch die Schuldzuweisungen waren eindeutig und ließen sich in der stark von Gefühlen geprägten Öffentlichkeit kaum entkräften."

Zit. nach: Dahlmann, Dittmar, Rußland. In: Enzyklopädie Erster Weltkrieg, hrsg. von Gerhard Hirschfeld, Gerd Krumeich und Irina Renz, Paderborn 2003, S. 87–96, hier S. 91 f.

IV Mc Aus einer Erklärung der Provisorischen Regierung, März 1917

Bei seiner Tätigkeit wird sich das Kabinett von folgenden Prinzipien leiten lassen:

1. Vollständige und sofortige Amnestie aller politischen und religiösen Vergehen einschließlich terroristischer Angriffe, militärischer Revolten, Verbrechen in der Landwirtschaft usw.
2. Freiheit der Rede, der Presse, Vereins-, Versammlungs- und Streikfreiheit und Ausdehnung der politischen Freiheit auf Personen, die im Militärdienst stehen, soweit es die militärische Technik zulässt.
3. Abschaffung aller benachteiligenden Unterschiede infolge der Zugehörigkeit zu bestimmten Ständen, Religionsgemeinschaften und Nationalitäten.
4. Sofortige Vorbereitung zur Einberufung einer Konstituierenden Versammlung auf der Grundlage des allgemeinen, gleichen, geheimen und direkten Wahlrechts, welche die Verwaltungs- und Verfassungsform des Landes bestimmen soll.
5. Ersetzung der Polizei durch eine Volksmiliz mit gewählter Leitung, die den Organen der lokalen Selbstverwaltung untersteht.
6. Wahlen zu den Organen der lokalen Selbstverwaltung auf der Grundlage allgemeiner, direkter, gleicher und geheimer Wahlen.
7. Die militärischen Einheiten, die an der revolutionären Bewegung teilgenommen haben, nicht zu entwaffnen und aus Petrograd zu entfernen.
8. Unter Aufrechterhaltung strenger militärischer Disziplin an der Front und im Militärdienst Befreiung der Soldaten von allen Beschränkungen allgemeiner Rechte, derer sich die anderen Bürger erfreuen.

Die Provisorische Regierung erachtet es als ihre Pflicht zu betonen, dass sie nicht beabsichtigt, militärische Umstände zu einer Hinausschiebung der oben angedeuteten Reformen und anderen Maßnahmen auszunützen.

Zit. nach: Hellmann, Martin (Hrsg.), Die russische Revolution 1917. München 1964, S. 152 f.

IV Mc Lenins Aprilthesen, die er am 4. April 1917 bei einer Rede vor den Petrograder Sowjets verkündete

1. In unserer Stellung zum Krieg, der seitens Russlands auch unter der neuen Regierung Lwow und Konsorten, infolge des kapitalistischen Charakters dieser Regierung, unbedingt ein räuberischer, imperialistischer Krieg bleibt, sind auch die geringsten Zugeständnisse an die ‚revolutionäre Vaterlandsverteidigung' unzulässig.
   Einem revolutionären Krieg, der die revolutionäre Vaterlandsverteidigung wirklich rechtfertigen würde, kann das klassenbewusste Proletariat seine Zustimmung nur unter folgenden Bedingungen geben:
   a) Übergang der Macht in die Hände des Proletariats und der sich ihm anschließenden ärmsten Teil der Bauernschaft; b) Verzicht auf alle Annexionen in der Tat und nicht nur in Worten; c) tatsächlicher und völliger Bruch mit allen Interessen des Kapitals. [...]
   Organisierung der allerbreitesten Propaganda dieser Auffassung unter den Fronttruppen.
   Verbrüderung.
2. Die Eigenart der gegenwärtigen Lage in Russland besteht im Übergang von der ersten Etappe der Revolution, die infolge des ungenügend entwickelten Klassenbewusstseins und der ungenügenden Organisiertheit des Proletariats der Bourgeoisie die Macht gab, zur zweiten Etappe der Revolution, die die Macht in die Hände des Proletariats und der ärmsten Schichten der Bauernschaft legen muss.
   Diesen Übergang kennzeichnet einerseits ein Höchstmaß an Legalität (Russland ist zur Zeit von allen Krieg führenden Ländern das freieste der Welt), andererseits das Fehlen der Anwendung von Gewalt gegen die Massen, und schließlich die blinde Vertrauensseligkeit der Massen gegenüber der Regierung der Kapitalisten, der ärgsten Feinde des Friedens und des Sozialismus.
   Diese Eigenart fordert von uns die Fähigkeit, uns den besonderen Bedingungen der Parteiarbeit unter den unerhört breiten, eben erst zum politischen Leben erwachten Massen des Proletariats anzupassen.
3. Keinerlei Unterstützung der Provisorischen Regierung, Aufdeckung der ganzen Verlogenheit aller ihrer Versprechungen, insbesondere hinsichtlich des Verzichts auf Annexionen. Entlarvung der Provisorischen Regierung statt der unzulässigen, Illusionen erweckenden ‚Forderung', diese Regierung, die Regierung der Kapitalisten, solle aufhören, imperialistisch zu sein.
4. Anerkennung der Tatsache, dass unsere Partei in der Mehrzahl der Sowjets der Arbeiterdeputierten in der Minderheit, vorläufig sogar in einer schwachen Minderheit ist gegenüber dem Block aller kleinbürgerlichen,

opportunistischen Elemente, die dem Einfluss der Bourgeoisie erlegen sind und diesen Einfluss in das Proletariat hineintragen [...].
Aufklärung der Massen darüber, dass die Sowjets der Arbeiterdeputierten die einzig mögliche Form der revolutionären Regierung sind und dass daher unsere Aufgabe, solange sich diese Regierung von der Bourgeoisie beeinflussen lässt, nur in geduldiger, systematischer, beharrlicher, besonders den praktischen Bedürfnissen der Massen angepasster Aufklärung über die Fehler ihrer Taktik bestehen kann. Solange wir in der Minderheit sind, leisten wir die Arbeit der Kritik und Klarstellung der Fehler, wobei wir gleichzeitig die Notwendigkeit des Übergangs der gesamten Staatsmacht an die Sowjets der Arbeiterdeputierten propagieren, damit die Massen sich durch die Erfahrung von ihren Fehlern befreien.

5. Keine parlamentarische Republik – von den Sowjets der Arbeiterdeputierten zu dieser zurückzukehren wäre ein Schritt rückwärts –, sondern eine Republik der Sowjets der Arbeiter-, Landarbeiter- und Bauerndeputierten im ganzen Lande, von unten bis oben. Abschaffung der Polizei, der Armee, der Beamtenschaft. Entlohnung aller Beamten, die durchweg wählbar und jederzeit absetzbar sein müssen, nicht über den Durchschnittslohn eines qualifizierten Arbeiters hinaus.
6. Im Agrarprogramm Verlegung des Schwergewichts auf die Sowjets der Landarbeiterdeputierten.
   Beschlagnahme der gesamten Ländereien der Gutsbesitzer.
   Nationalisierung des gesamten Bodens im Lande; die Verfügungsgewalt über den Boden steht den örtlichen Sowjets der Landarbeiter- und Bauerndeputierten zu. Schaffung besonderer Sowjets von Deputierten der armen Bauern. Errichtung von Musterwirtschaften aus allen großen Gütern (im Umfang von etwa 100 bis 300 Deßjatinen) [1 Deßjatine = 1,09 ha], je nach den örtlichen und sonstigen Verhältnissen und nach dem Ermessen der örtlichen Institutionen) unter Kontrolle der Landarbeiterdeputierten und für Rechnung der Gesellschaft.
7. Sofortige Verschmelzung aller Banken des Landes zu einer Nationalbank und Errichtung der Kontrolle über die Nationalbank durch den Sowjet der Arbeiterdeputierten.
8. Nicht ‚Einführung' des Sozialismus als unsere unmittelbare Aufgabe, sondern augenblicklich nur Übergang zur Kontrolle über die gesellschaftliche Produktion und die Verteilung der Erzeugnisse durch den Sowjet der Arbeiterdeputierten.

Zit. nach: Grießinger, Andreas (Hrsg.): Geschichte und Geschehen. Revolutionen der Moderne im Vergleich. Themenheft zum projektorientierten Lernen. Leipzig 2004. S. 52.

IV Mc Aus einem Manifest der Provisorischen Regierung vom 9. April 1917

Bürger! Das Land ist noch immer dem Angriff eines mächtigen Feindes ausgesetzt, der ganze Provinzen unseres Territoriums besetzt hält und uns jetzt in den ersten Tagen der russischen Freiheit mit neuen entscheidenden Angriffen bedroht. Die unbedingte Verteidigung unserer Heimat und die Befreiung des Landes von dem Feind, der unsere Grenzen überrannte – das ist die erste unabänderliche Pflicht unserer Soldaten, die die Freiheit des Volkes verteidigen.
Die Provisorische Regierung überlässt es dem Willen des Volkes, in engstem Verein mit unseren Verbündeten alle Probleme, die mit dem Weltkrieg und seiner Beendigung zusammenhängen, in letzter Instanz selbst zu lösen. Sie glaubt sich daher jetzt zu der Erklärung berechtigt und verpflichtet, dass das Ziel des freien Russlands nicht die Herrschaft über andere Völker ist, nicht die Wegnahme ihrer nationalen Beziehungen, nicht die gewaltsame Aneignung des Gebietes anderer Völker, sondern ein endgültiger Friede auf der Grundlage des Selbstbestimmungsrechtes der Völker.

Geschichte in Quellen, Band V, Weltkriege und Revolutionen 1914–1945, bearb. von Günter Schönbrunn, München 1970, S. 70.

IV Mc Aus dem Bericht des Gouvernements-Kommissars von Woronesch vom 2. Juni 1917

Die Fälle von Übertretungen verschiedener Art und von ungesetzlichen Handlungen nehmen im Gouvernement von Tag zu Tag zu, vor allem im Zusammenhang mit der Landfrage. Überall setzen die Bauern dem Weiterbestand der Gutswirtschaften Schwierigkeiten entgegen, sie übernehmen die Gutswirtschaften vollständig oder teilweise, schicken ihr Vieh auf die Gutsweide, weiden die Getreidefelder, Heuschonungen und Waldschläge ab, entfernen Angestellte und Arbeiter, holen die Kriegsgefangenen fort, setzen niedrige Pachtzinsen fest, die oft nicht zur Bezahlung der Abgaben und Bankzinsen ausreichen, und erzwingen obendrein, dass diese nicht an die Gutsbesitzer, sondern an das Kreiskomitee entrichtet werden. Sie setzen für die Arbeiter unglaublich hohe Löhne fest, verbieten die Einstellung von Arbeitern aus anderen Kreisen, erheben Gemeindesteuern, verbieten das Abschlagen selbst solcher Wälder, die vom Waldschutzkomitee für den Bedarf von Unternehmungen, die für die Landesverteidigung arbeiten, freigegeben sind, ziehen Kloster- und Kirchenländereien sowie staatliche Waldungen usw. ein. Alle diese Funktionen werden häufig auf Verordnung oder mit Bewilligung der Kreiskomitees und mitunter auch der Ujesd-(Bezirks-)Komitees ausgeübt. Haussuchungen und Verhaftungen auf Befehl solcher Organisationen oder selbst auf Initiative einzelner Bürger sind eine ziemlich häufige Erscheinung. Es sind auch einige Fälle zwangsweiser Entfernung von Beamten der alten Verwaltung, Geistlicher und Privatpersonen aus dem Gebiet der betreffenden Örtlichkeit vorgekommen.

Zit. nach: Dubrowski, S.; Die Bauernbewegungen in der Russischen Revolution 1917, Berlin 1929, S. 66.

IV Mc Zahl der Bauernunruhen in den europäischen Gouvernements Russlands (März–Oktober 1917)

Monat	Anzahl der Ausschreitungen
März	183
April	445
Mai	580
Juni	836
Juli	900
August	569
September	693
Oktober	1 210

Linke, Horst Günther: Die russischen Revolutionen 1905/1917, Stuttgart 1991, S. 64.

IV Mc Aus einem Telegramm des Armee- und Frontkomitees der 11. russischen Armee vom 11. Juli 1917

Die deutsche Offensive, die am 6. Juli vor der Front der 11. Armee ihren Anfang nahm, entwickelt sich zu einer furchtbaren Katastrophe, die unter Umständen den Untergang des revolutionären Russlands zur Folge haben kann. In der Stimmung der Truppen [...] hat sich ein scharfer und gefahrdrohender Umschwung vollzogen. Die Angriffslust erschöpfte sich rasch, die meisten Truppenteile befinden sich im Zustande einer zunehmenden Zersetzung. [...] Hinter der Front ziehen kilometerweit Züge von Flüchtlingen mit und ohne Gewehr, gesund, frisch, aber bar aller Scham und im Gefühl völliger Sicherheit vor Strafe. Zeitweilig entfernen sich ganze Truppenteile.

Linke, Horst Günther: Die russischen Revolutionen 1905/1917, Stuttgart 1991, S. 62.

IV Mc Bericht des Armee-Nachrichtendienstes für den 2. bis 13. Oktober 1917

Nordfront – Die Situation in der Armee hat sich nicht verändert und lässt sich beschreiben als ein völliger Mangel an Vertrauen in die Offiziere und das höhere kommandierende Personal. Der Glaube unter den Soldaten wächst, dass sie für das, was sie tun, nicht bestraft werden können. [...] Der Einfluss bolschewistischer Ideen vergrößert sich rapide. Dazu kommt eine allgemeine Müdigkeit, reine Reizbarkeit und ein Verlangen nach Frieden um jeden Preis. [...] Die Armeekomitees sind in den meisten Fällen hilflos, den Mob zu führen und sind oft gezwungen ihm zu folgen, um nicht völlig das Vertrauen der Massen zu verlieren. [...] Erhebliche Mengen von Soldaten [...] täuschen Krankheit vor und verlassen die Front, um ins Hospital zu gehen.

Westfront – Aufgrund allgemeiner Kriegsmüdigkeit, schlechter Ernährung, Misstrauen gegenüber den Offizieren etc. hat sich eine intensive defätistische Agitation entwickelt, die begleitet wird von Befehlsverweigerungen, Drohungen gegen das kommandierende Personal und Versuchen, mit Deutschen zu fraternisieren. Überall hört man Stimmen, die nach sofortigem Frieden rufen, weil, so sagen sie, während des Winters niemand in den Schützengräben bleiben will. [...] Es gibt eine tief verwurzelte Überzeugung unter den Mannschaften, dass die Verbrüderung mit dem Feind ein sicherer Weg zum Frieden ist. [...] Die am häufigsten debattierte Frage ist die von Krieg und Frieden. [...]

Typisch für die Tendenzen im Leben der Nachhut der Westfront sind die jüngsten Zerstörungen im Ersatzlager in Gomel. Am 1. Oktober verlangten über 8000 Soldaten, die an die Front verlegt werden sollten, sofort nach Hause entlassen zu werden. [...] Von Agitatoren angestiftet, stürmten sie das Magazin, nahmen etwa 1500 Winterausrüstungen und misshandelten den stellvertretenden Kommissar und ein Mitglied des Frontkomitees. [...]

Südwestfront – Die defätistische Agitation nimmt zu, und die Auflösung der Armee ist in vollem Gang. [...] Das dominierende Gesprächsthema ist Frieden um jeden Preis und unter jeder Bedingung. Jeder Befehl, egal, um was es sich handelt, wird mit Feindseligkeit beantwortet.

Grohmann, Martin: u. a., Wirtschaft und Gesellschaft in der Sowjetunion, Hannover 1979, S. 19f.

IV Mc Ein russisches Schulbuch (2003) über die Situation im Frühjahr 1917

Der Regierungstendenz einer bürgerlich-parlamentarischen Reformierung stand der revolutionär-proletarische Demokratismus der Bolschewiki gegenüber. Der im April 1917 nach Russland zurückgekehrte Lenin erkannte in den Räten ein mögliches Potenzial im Kampf um die Macht während der Ausweitung der Revolution. Mit dem Ziel, den Räten politisches Gewicht zu geben, hatte er die Idee, in Russland ein Duumvirat zu errichten.

Darüber hinaus schuf er eine völlig neue Situation. Die bürgerlich-demokratische Revolution in Russland sollte gleichzeitig eine sozialistische sein, deren Ziel die Errichtung einer Diktatur des Proletariats war, damit so die Macht von Sowjets (Räten) ausgeübt werden konnte. Diese Form eignete sich praktisch zur Verwirklichung bedeutender radikaler Veränderungen, die nach Meinung Lenins erste Schritte auf dem Weg zum Sozialismus darstellten.

Um einen solchen Prozess einzuleiten, bedurfte es einer bolschewistischen Partei, die sich auf ein Proletariat und ein verarmtes Bauerntum stützen konnte. Dabei ist klar, dass eine solche von den Bolschewiki vertretene Position sie unvermeidlich in die Opposition und zu einer Konfrontation zu der Mehrzahl der sozialistischen Parteien und Gruppierungen führte. Somit wurde die Möglichkeit der Bildung einer einheitlichen sozialistischen Front verhindert. Noch bevor die Bolschewiki Kurs auf eine sozialistische Revolution nahmen, stellten sie sich die taktische Aufgabe, die Mehrzahl der Sowjets (‚Bolschewisierung der Sowjets') zu erreichen. So wichtig diese Aufgabe, so utopisch war sie; insbesondere unter dem Einfluss des sich ausdehnenden Krieges, der Wirtschaftskrise und der Unlösbarkeit sozialer Probleme radikalisierten die Volksmassen besonders in Petrograd rasch.

Die Bolschewiki nutzten die politischen Fehlschläge der Übergangsregierung und führten eine aktive, gegen die Regierung gerichtete Propaganda, deren Idee vom Hauptgedanken getragen wurde, dass durch den bürgerlichen Charakter dieser Übergangsregierung diese dem Volk weder Frieden noch Land oder gar Brot geben kann. Zornig brandmarkte sie auch die ‚versöhnlerische Politik der Menschewiki und Sozialrevolutionäre'. Die Position der Bolschewiki hinsichtlich der grundlegenden sozial-ökonomischen Fragen wirkte auf die Volksmassen überzeugender. So schlug Lenin anlässlich seines Auftritts beim 1. Allrussischen Parteitag der Deputierten der Bauernschaft vor, den Grund und Boden zum Eigentum, das dem gesamten Volks gehört, zu erklären und unverzüglich damit zu beginnen, Grund und Boden kostenlos an die Bauern zu übergeben und nicht erst den Beschluss der Gründungsversammlung abzuwarten. Vor dem Hintergrund von unentschlossenen und vorsichtigen Liberalen machten die unter der Leitung Lenins stehenden Führer der Bolschewiki den Eindruck, dass sie Menschen sind, die nicht nur wissen, was sie erreichen wollen, sondern auch, wie sie ihre Ziele erreichen wollen.

Zur Festigung der Position der Bolschewiki trug auch die psychologische Atmosphäre bei, die im Land nach der Februarrevolution entstanden ist. Der Revolution begegneten alle mit Enthusiasmus, ging doch von der verhassten Autokratie, wie die liberale und revolutionäre Propaganda beteuerte, alles Böse, Zerstörerische aus. Alle rühmten das neue Regime und erwarteten von diesem eine sofortige Verbesserung der Situation. Doch ein Wunder geschah nicht; die Euphorie wich einer tiefen Enttäuschung. Die

IV Mc **„Leben und Treiben an der Yassolda. Deutsch-russischer Krakowiak".** Deutsche Propagandapostkarte, wahrscheinlich aus den Tagen nach Abschluss des deutsch-russischen Waffenstillstandes vom 5. Dezember 1917.

so von den Bolschewiki verbreiteten sozialistischen Ideen erfassten schnell das Bewusstsein der Massen, und zwar nicht nur das der Bauern, Arbeiter und Soldaten, sondern auch das der gebildeten Gesellschaft. Der Sozialismus wurde modern.

Zagladin, Nikita V.: Istorija Rossii i mira v XX veke, 11 Klass, Moskva 2003, S. 99 f.

IV Mc Die ersten Verhandlungen in Brest-Litowsk

Nach Abschluss des Waffenstillstandes am 15. Dezember 1917 begannen eine Woche später die Friedensverhandlungen in Brest-Litowsk. Der an den Verhandlungen beteiligte deutsche Generalmajor Hoffmann berichtet über die ersten Gespräche.

Aus gelegentlichen Unterhaltungen gewann ich inzwischen immer mehr den Eindruck, dass die Russen das Angebot unserer Diplomaten falsch aufgefasst hatten und dass sie der Ansicht waren, ein Friede ohne Annexionen würde ihnen die polnischen, litauischen und kurländischen Gourvernements zurückgeben […].

Mittags beim Frühstück sagte ich dem neben mir sitzenden Joffe[1], dass ich den Eindruck habe, dass die russische Delegation den Begriff eines Friedens ohne gewaltsame Annexionen anders auffasste als die Vertreter der Mittelmächte. Letztere ständen auf dem Standpunkt, dass es keine gewaltsamen Annexionen seien, wenn sich Teile des ehemaligen russischen Reiches freiwillig und durch Beschluss der zuständigen politischen Vertretungen für eine Loslösung aus dem russischen Staatsverband und für den Anschluss an das Deutsche Reich oder irgendeinen anderen Staat aussprächen. Die Berechtigung dazu hätten ja die russischen Machthaber in ihren Erklärungen über das Selbstbestimmungsrecht der Völker den einzelnen Staaten ausgesprochen. Dieser Fall treffe zu für Polen, Litauen und Kurland. Die Vertretungen der drei Völker hätten ihren Austritt aus dem russischen Staatsverband erklärt. Die Mittelmächte hielten es also nicht für eine Annexion, das spätere Schicksal der drei Staaten in direktem Benehmen mit deren Vertretern und unter Ausschluss des russischen Staates zu bestimmen.

Joffe war wie vor den Kopf geschlagen […].[2]

Geschichte in Quellen, Band V, Weltkriege und Revolutionen 1914–1945, bearb. von Günter Schönbrunn, München 1970, S. 86.

1 Sowjetrussischer Delegationsführer
2 Die sowjetrussische Delegation reiste nach dieser Eröffnung nach Petrograd ab, und die Verhandlungen wurden vom 28. Dezember 1917 bis zum 7. Januar 1918 unterbrochen.

IV Mc Kritische Stellungnahme Sinowjews und Kamenews zu Lenins Aufstandsplänen in der Sitzung des bolschewistischen Zentralkomitees am 10. Oktober 1917

Man sagt: für uns ist schon die Mehrheit des Volkes in Russland, und 2. für uns ist die Mehrheit des internationalen Proletariats. Leider ist weder das eine noch das andere wahr, und das ist der springende Punkt.

In Russland ist die Mehrheit der Arbeiter und ein ansehnlicher Teil der Soldaten für uns. Aber alles andere ist zweifelhaft. Wir sind z. B. alle überzeugt, dass, wenn es jetzt zu Wahlen zur Konstituierenden Versammlung kommt, die Bauern in ihrer Mehrheit für die Sozialrevolutionäre stimmen werden. […]

IV Mc Deutsche und russische Delegation am großen Tisch im Hauptquartier des Oberbefehlshabers Ost unter Leitung Prinz Leopolds von Bayern. Erinnerungsfoto aus dem Besitz eines Delegationsmitgliedes, 28,5 × 20 cm. Das Foto wurde auf Karton aufgezogen. Auf dem Karton befinden sich mehrere Tintenunterschriften von Delegationsteilnehmern, u. a. von Prinz Leopold von Bayern, dem türkischen Delegierten Zeki Pascha und dem sowjetrussischen Delegationsführer Joffe.

Die Partei des Proletariats wird wachsen, ihr Programm wird immer breiteren Massen klar werden [...]. Und nur durch eins kann sie ihre Erfolge hemmen, und zwar dadurch, dass sie unter den jetzigen Umständen die Initiative der Aktion auf sich nimmt und so das Proletariat den Schlägen der vereinigten [...] Konterrevolution aussetzt. Gegen diese verhängnisvolle Politik erheben wir die Stimme der Warnung.

Zit. nach: Hellmann, M. (Hrsg.): Die russische Revolution 1917, München 1984, S. 295 und S. 297.

IV Mc Die Folgen des Friedensvertrages von Brest-Litowsk aus der Sicht eines russischen Schulbuches (2003)

Die von Russland erzwungene Annahme der Bedingungen des Brester Friedens bedeutete gleichzeitig seine Kapitulation vor Deutschland. Die Folgen waren verheerend.

Erstens fassten viele Politiker und Militärs Russlands diese Kapitulation als nationale Erniedrigung auf. Damit wurden der Zusammenschluss und die Organisierung von Kräften vorangetrieben, die dem Bolschewismus feindlich gegenüberstanden. Auf diese Weise wurde ein Bürgerkrieg begünstigt. Vom Bündnis mit den Bolschewiki wandten sich auch die linken Sozialrevolutionäre ab. Im Juni 1918 unternahmen sie einen Versuch, diese Kräfte von der Macht zu entfernen, der allerdings misslang.

Zweitens gab diese Kapitulation Anlass zum unmittelbaren Beginn eines Bürgerkrieges. Soldaten des tschechoslowakischen Korps, das aus Slawen bestand, die auf die Seite Russlands übergetreten waren (anfänglich wurde versucht, sie aus ihrem Gebiet über Wladiwostok herauszubringen), befürchteten nicht grundlos, dass sie an die Mittelmächte übergeben werden. Im Mai 1918 haben sie einen Aufstand gegen die Sowjetmacht unternommen. Die Anzahl der Korps war eher gering (etwa 45 tausend Menschen). Ihr Aufenthaltsraum erstreckte sich entlang der Transsibirischen Eisenbahn. Außer den wenigen Abteilungen der Roten Garde gab es bei den Bolschewiki keine bewaffneten Kräfte. Im Ergebnis dessen wurde ihre Macht auf einem riesigen Gebiet gestürzt – von Wladiwostok bis zum Wolgagebiet. Es begann die Formierung von Einheiten der Weißen Bewegung.

Drittens führte der Brester Frieden dazu, dass die in der Entente vereinten Länder ihre Armeen auf das Gebiet Russlands schickten. Im Zeitraum März–April setzten die Verbündeten in Murmansk, Archangelsk und Wladiwostok Landetruppen aus. Diesen Schritt begründeten sie damit, dass sie verhindern wollten, dass die in diesen Hafenstädten konzentrierten Waffenvorräte an Deutschland fallen.

Als Folge dieser Verletzung seiner Bündnispflicht und mit dieser Begründung wurde Russland aus dem Kreis der Siegerstaaten ausgeschlossen. Bei der Unterzeichnung des Friedensvertrages blieben die Interessen Russlands unbeachtet.

Die nunmehr nach dem Brester Frieden entstandene Situation spornte die sowjetische Regierung zu außerordentlichen Maßnahmen an. Nachdem die fruchtbarsten Gouvernements abgetreten werden mussten, bestand in den Städten die Gefahr einer Hungersnot, was wiederum zu einer Politik einer gewaltsamen Beschlagnahme ‚überflüssigen Brotes' von der Bauernschaft führte. Wenn auch das Land der Form nach ihr Eigentum war, konnten die Bauern jedoch nicht mehr frei über die Früchte ihrer Arbeit verfügen. Eine Stütze der Macht im Dorf wurde die arme Bauernschaft. So halfen gegründete so genannte Kombedy (Komitees der Armut) den von

IV Mb Ankunft russischer Goldlieferungen an Deutschland in Berlin gemäß dem Zusatzvertrag vom 27. August 1918, Foto, September 1918.

Rotgardisten aus der Stadt geschickten freiwilligen Abordnungen, Brot von den wohlhabenden Bauern zu beschlagnahmen.
Fabriken und Betriebe wurden nationalisiert und unter staatliche Kontrolle gestellt. Mit der Einführung eines Kartensystems und der De-facto-Abschaffung des Geldes, das vollständig entwertet wurde, fiel das Lebensniveau der Tagelöhner, in deren Namen doch die Bolschewiki regierten, schnell; aufkeimende Proteste wurden schonungslos unterbunden.
Die 1918 angenommene Verfassung bestätigte im Lande ein Regime einer Diktatur des Proletariats. Sie beraubte einen Teil der Bevölkerung (Tagelöhner, ehemalige Polizisten, Geistliche) ihrer Wahlrechte und setzte Sowjets (Räte) ein, die jedoch zu ungleichen Teilen aus Städtern und Dörflern bestanden.
Die bestehende Rechtsordnung wich einer revolutionären Zweckmäßigkeit. In dem Maße, in dem der Widerstand gegen die Macht der Bolschewiki wuchs, erreichten der rote Terror, Bestrafungen, tendenzielle Einschüchterungen der Bevölkerung, um diese zu unterwerfen, gigantische Ausmaße. Die Russische Sozialdemokratische Arbeiterpartei (der Bolschewiki) wurde in RKP (b) – Russische Kommunistische Partei (der Bolschewiki) umbenannt. Dieser Schritt demonstrierte den Massen den vollständigen Bruch der Bolschewiki mit dem Menschewismus und den Führern der internationalen Sozialdemokratie.

Zagladin, Nikita V.: Istorija Rossii i mira v XX veke, 11 Klass, Moskva 2003, S. 100 f.

IV Md ‚Die Notwendigkeit Fett zu sparen'

Fettarme Ernährung erzwingt die Not der Zeit. Ein sehr großer Teil des Fettes, das wir in den letzten Jahren verzehrt haben, entstammte dem Auslande. […]. Der Ausfall durch die Absperrung vom Auslande ist also beim Fett wesentlich stärker, als bei der übrigen Nahrung. […] In den letzten 50 Jahren hat sich […] im Gefolge des wachsenden Wohlstandes der Fettverbrauch mehr als verdoppelt […]. Schon hieraus ergibt sich, dass der Fettverbrauch weitgehend eingeschränkt werden darf, ohne dass die Gesundheit und Leistungsfähigkeit unserer Bevölkerung herabgesetzt würde. Notwendig für die Erhaltung des Körpergewichts und der Arbeitsfähigkeit ist nur, dass an Stelle des Fettes eine entsprechende Menge anderer leicht verdaulicher Nährstoffe tritt. Als solche kommen nun die so genannten Kohlenhydrate: der Zucker, die Stärke und damit verwandte Stoffe in Betracht. Diese Ersatzstoffe des Fettes finden sich reichlich in allen Obstarten, in Rüben und ähnlichen Wurzelgewächsen, in den Kartoffeln, den Mehlen der Getreidearten. Wenn diese Ersatzstoffe des Fettes ihre Aufgaben ganz erfüllen sollen, müssen sie in leicht verdaulicher und wohlschmeckender Zubereitung dargeboten werden. Hierdurch erwachsen den Hausfrauen neue und ungewohnte Aufgaben.

Aus: Heyl, Hedwig: Die fettarme Küche. Berlin o. J., 1915 (= Flugschriften zur Volksernährung 9). S. 9 ff.

IV Md Im Sommer 1917 nahm die massenhafte Verbitterung über die Lebensmittelknappheit zu.

Eine Kriegsamtsstelle berichtete im Juli 1917 nach Berlin:
„Kartoffeln alter Ernte sind seit Monatsfrist nicht mehr zu haben, und die Ersatzlieferungen von Brot und Mehl sind insbesondere für die arbeitende Bevölkerung durchaus unzureichend. Daher ist die Nachfrage nach Frühkartoffeln und Gemüse ungemein stark. Die ganz geringen Anfuhren, die auf den Markt kommen, werden von den erregten Hausfrauen gestürmt. Falls nicht gleich ein ausreichender polizeilicher Schutz vorhanden ist, wird den Landleuten und Wiederverkäufern in brutalster Weise ihre Ware entrissen. Um sich einer derartigen Behandlung nicht erneut auszusetzen, bleiben die Landleute mit ihren Erzeugnissen dem Markte fern und verkaufen diese bereits daheim auf ihrer Scholle. Zu Hunderten pilgern daher die Stadtbewohner aufs Land, um sich mit Kartoffeln und Gemüse zu

4

IV Md Rezepte für „Kriegs-Weihnachtsgebäck“ aus: Verband deutscher Hausfrauenvereine: Kriegs-Weihnachtsgebäck. Erprobte Backvorschriften. Berlin 1917 (= Flugschriften zur Volksernährung 13, S.2 und 11).

Kuchen I.

375 g Mehl (gemischtes Kriegsmehl), 125 g gekochte, geriebene Kartoffeln, 75 g feinen Zucker, 60 bis 80 g Rosinen oder Korinthen, 1 Päckchen Backpulver, 1/4 Liter Milch.

Alles gut mischen und bei mittlerer Hitze 1 Stunde backen.

Honignüsse.

275 g Honig, hergestellt aus Honigpulver, 500 g Mehl, 60 g Zucker, 1 ganzes Ei oder Eiersatz, 25 g Pomeranzenschale gehackt, 25 g Zitronat gehackt, 5 g Zimt, 5 g Kardamom, 1 Messerspitze Gewürz, 1 Teelöffel Pottasche, 1 Teelöffel Hirschhornsalz mit 2 Eßlöffel Wasser zum Lösen.

Mehl, Zucker und alle Gewürze werden gemischt und der Honig kochend erhitzt darübergegossen. Abgekühlt kommt das Ei und die aufgelösten Treibmittel dazu. Man formt kleine Kugeln und backt sie bei Mittelhitze.

versorgen. Abgesehen davon, dass bei diesen Massenwanderungen unmittelbar auf den Kartoffel- und Gemüsefeldern recht erhebliche Verwüstungen der angebauten Flächen vorkommen und die Landleute von ihrer z. Z. sehr drängenden Arbeit abgehalten werden, schrecken diese Kartoffel- und Gemüsepilger auch nicht vor Feldiebstählen zurück. Sowohl hierbei wie auf den Märkten spielen sich daher sehr hässliche Szenen ab. Die erregten Frauen tragen die erbitterte Stimmung heim und übertragen diese in aufreizender Weise auf ihre von der Arbeit heimkehrenden Familienmitglieder, die sie wieder in die Fabrikbetriebe weitertragen.“

Zit. nach: Kocka, Jürgen: Klassengesellschaft im Krieg. Deutsche Sozialgeschichte 1914–1918, Frankfurt/M. 1988, S. 61 f.

IV Md Der „Allgemeine Wegweiser für jede Familie“
veröffentlichte am 27. Januar 1917 das Ergebnis seines „Kinder-Kriegspreisausschreibens“. Auf die Frage „Aus welchem Grunde vor allem freut ihr euch auf den Frieden?“, schrieb der zehn Jahre alte Ulrich Beilke aus Kolberg:

„Der Frieden

Wir freuen uns auf den Frieden, weil dann unsere tapferen Helden aus dem Kriege zurückkehren, und es mit dem Blutvergießen ein Ende hat und wir unsere guten Lehrer wieder bekommen. Dass es die Armen besser haben und nach den Lebensmitteln nicht so herumstehen müssen. Dass wir den Feinden gezeigt haben, was eine deutsche Faust leisten kann und dass sie siegen kann, zu Wasser und zu Lande. Dass wir nicht so lange nach Milch und Butter stehen müssen, denn wir Jungens sind auch nicht dafür. Weil ich dann endlich mal wieder auf den Baum klettern kann, denn jetzt muss man immer auf seine Schuhe achten. Weil meine Mutter sich dann nicht mehr mit den vielen Marken den Kopf zerbrechen braucht. Auch kann man sich dann mit Ruhe ins Bett legen, weil man weiß, dass die lieben Feldgrauen alle wieder zu Hause sind. Vor allem aber, weil wir auf einen ehrenvollen Frieden hoffen, und weil es wunderschön sein wird, wenn die kühnen Truppen bekränzt und mit Musik in die Heimat zurückkehren, und ich mit der Pauke mitlaufen kann.“

Zit. nach: 1917. Material gegen Menschen. Hrsg. vom Volksbund Deutsche Kriegsgräberfürsorge. Zusammengestellt von Christoph Beitz, München 1987, S. 13.

IV Md Preisentwicklung für Grundnahrungsmittel 1914–1918

	Kartoffeln Pfg./kg	Butter Pfg./kg	Vollmilch Pfg./l	Eier Pfg./Stck	Roggenbrot Pfg./kg
Juli 1914	14	260	20	8	25
April 1915	16	355	22	11	40
Juli 1916	24	510	28	28	35
Juli 1917	26	528	36	32	35
Jan. 1918	15	592	40	36	43
Juli 1918	18	660	40	34	43
Okt. 1918	19	800	48	34	50

Zit. nach: Stahl und Steckrüben. Beiträge und Quellen zur Geschichte Niedersachsens im Ersten Weltkrieg (1914–1918). Bd. 1. Hrsg. von Reinhard Oberschelp, Hameln 1993, S. 240.

IV Md Wirtschaftlicher Verfall
Aufruf der Stadtbevölkerung von Harburg um Hilfe, Januar 1917:

[…] Unsere große Industriestadt Harburg ist ganz besonders schlimm daran. Die Industrie hier ist in der Hauptsache auf überseeische Rohprodukte angewiesen und liegt daher jetzt fast gänzlich darnieder. Unsere Nachbarstadt Hamburg geht's nicht besser. Der gewaltige Handel ist fast lahmgelegt. Wenn wir alle dabei mit leiden, so doch naturgemäß am meisten die Minderbemittelten. Für sie möchten wir heute herzlich bitten: helft, sendet Esswaren, Gemüse, Rüben u. dergl. Wir können alles gebrauchen, auch andere Dinge, wie abgelegte Kleidungsstücke, Schuhzeug und ähnliches. Hier ist alles längst herausgesammelt. […]

Zit. nach: Stahl und Steckrüben. Beiträge und Quellen zur Geschichte Niedersachsens im Ersten Weltkrieg (1914–1918), Bd. 1, hrsg. von Reinhard Oberschelp, Hameln 1993, S. 107.

Ein fleischloser Tag in Berlin.

„Nur wer die Sehnsucht kennt, weiß, was ich leide."

IV Md **„Ein fleischloser Tag in Berlin"**

„Nur wer die Sehnsucht kennt, weiß, was ich leide." Karikatur aus „Der wahre Jacob", 1915

IV Md **Hunger und Krankheit**

Die Frau eines Soldaten bittet 1917 um offizielle Unterstützung

Meine älteste Tochter, 15 Jahre alt, ist lungenkrank, muss aber, um nur einigermaßen durchzukommen, mitarbeiten und verdient wöchentlich 9 M. Einen Antrag auf Zuweisung von mehr Fett, Eier und Fleisch für meine Tochter habe ich nicht gestellt, weil ich die Ausgaben hierfür nicht bestreben kann. Dies kann ich umso weniger, da ich 12 M monatlich Mietsunterstützung erhalte, während die ganze Miete [...] 17 Mark beträgt. Durch die mangelhafte Ernährung und das unaufhörliche Mitarbeiten trotz meines großen Haushaltes (5 Kinder) bin ich nun vollständig entkräftet und bettlägerig krank und werde auch wohl nie wieder Erwerbsarbeit treiben können. Meine traurige Lage ermöglicht es nicht, Arzt und Apotheke selbst zu bezahlen. Ferner ist es mir nicht möglich, die gekauften 20 Zentner Kohlen sowie 40 Mark Rest von den gekauften Kartoffeln bezahlen zu können. Infolge der Schweineseuche musste ich 2 Schweine schlachten, wovon mir wegen der Hitze ein großer Teil verdorben ist. Mittel zum Ankauf eines neuen Schweins habe ich nicht. Dies alles macht mich völlig hoffnungslos, dazu der stete Gedanke, dass mein Mann immer in Lebensgefahr ist und ein Verschulden unsererseits nicht vorliegt.

Zit. nach: Kammeier, Heinz-Ullrich, Der Landkreis Lübbecke und der 1. Weltkrieg. Alltagserfahrungen in einem ländlichen Raum Ostwestfalens. Leidorf 1998, S. 29.

IV Me **Friedensresolution der Mehrheitsparteien im Reichstag vom 19. Juli 1917**

Wie am 4. Aug. 1914 gilt für das deutsche Volk auch an der Schwelle des vierten Kriegsjahres das Wort der Thronrede ‚Uns treibt nicht Eroberungssucht'. Zur Verteidigung seiner Freiheit und Selbständigkeit, für die Unversehrtheit seines territorialen Besitzstandes hat Deutschland die Waffen ergriffen. Der Reichstag erstrebt einen Frieden der Verständigung und der dauernden Versöhnung der Völker. Mit einem solchen Frieden sind erzwungene Gebietserwerbungen und politische, wirtschaftliche oder finanzielle Vergewaltigungen unvereinbar. Der Reichstag weist auch alle Pläne ab, die auf eine wirtschaftliche Absperrung und Verfeindung der Völker nach dem Kriege ausgehen. Die Freiheit der Meere muß sichergestellt werden. Nur der Wirtschaftsfriede wird einem freundschaftlichen Zusammenleben der Völker den Boden bereiten. Der Reichstag wird die Schaffung internationaler Rechtsorganisationen tatkräftig fördern. Solange jedoch die feindlichen Regierungen auf einen solchen Frieden nicht eingehen, solange sie Deutschland und seine Verbündeten mit Eroberung und Vergewaltigung bedrohen, wird das deutsche Volk wie ein Mann zusammenstehen, unerschütterlich ausharren und kämpfen, bis sein und seiner Verbündeten Recht auf Leben und Freiheit gesichert ist. In seiner Einigkeit ist das deutsche Volk unüberwindlich. Der Reichstag weiß sich darin eins mit den Männern, die in heldenhaftem Kampfe das Vaterland schützen. Der unvergängliche Dank des ganzen Volkes ist ihnen sicher.

Zit. nach: Johann, Ernst: Innenansicht eines Krieges. Deutsche Dokumente 1914–1918. München 1973. S. 146f.

IV Me **Friedensbotschaft des Papstes Benedikt XV. vom 1. August 1917**

Im heiligen Namen Gottes, unseres himmlischen Vaters und Herrn, um des gesegneten Blutes Jesu willen, welches der Preis der menschlichen Erlösung gewesen, beschwören wir Euch, die ihr von der göttlichen Vorsehung zur Regierung der kriegsführenden Nationen bestellt seid, diesem fürchterlichen Morden, das nunmehr seit einem Jahr Europa entehrt, endlich ein Ziel zu setzen. Es ist Bruderblut, das zu Lande und zur See vergossen wird. Die schönsten Gegenden Europas, dieses Gartens der Welt, sind mit Leichen und Ruinen besät. Ihr tragt vor Gott und den Menschen die entsetzliche Verantwortung für Frieden und Krieg. Höret auf Unsere Bitte, auf die väterliche Stimme des Vikars des ewigen und höchsten Richters, dem Ihr werdet Rechenschaft ablegen müssen. Die Fülle der Reichtümer, mit denen Gott der Schöpfer die Euch unterstellten Länder ausgestattet hat, erlauben Euch gewiss die Fortsetzung des Kampfes. Aber um was für einen Preis? Darauf mögen die Tausende junger Menschenleben antworten, die alltäglich auf den Schlachtfeldern erlöschen.

Zit. nach: Struker, Arnold (Hrsg.): Die Kundgebung Papst Benedikts XV. zum Weltfrieden, Freiburg. i. B. 1917, S.74ff.

IV Me **Aus dem Gründungsaufruf der Deutschen Vaterlandspartei vom 2. September 1917**

Weite Kreise des deutschen Volkes stimmen mit der Stellungnahme der gegenwärtigen Reichstagsmehrheit zu den wichtigsten Lebensfragen des Vaterlandes nicht überein. Wen gäbe es, der nicht mit heißem Herzen den Frieden ersehnte! Nervenschwache Friedenskundgebungen verzögern aber nur den Frieden. Nicht Sonderbestrebungen zur Erringung parteipolitischer Macht dürfen jetzt das

Deutsche Reich zersplittern, der unbeugsame, nur auf des Vaterlandes Sieg bedachte Wille muss es einen! In dankbarem Aufblick zu unserem unvergesslichen geliebten ersten Kaiser und seinem eisernen Kanzler, den Einigern der deutschen Stämme, eingedenk des Titanenkampfes gegen den verderblichen Parteiengeist, den Otto von Bismarck in flammenden Worten vor Gott und der Geschichte anklagte, haben die unterzeichneten ostpreußischen Männer, treu den Überlieferungen ihrer Vorväter, die Deutsche Vaterlandspartei gegründet, um das deutsche Vaterland in dieser größten und ernstesten Stunde deutscher Geschichte vor dem Erbübel der Uneinigkeit und Parteiung zu schützen und zu schirmen. Die Deutsche Vaterlandspartei will Stütze und Rückhalt sein für eine kraftvolle Reichsregierung, die nicht in schwächlichem Nachgeben nach innen und außen, sondern in deutscher Standhaftigkeit und unerschütterlichem Glauben an den Sieg die Zeichen der Zeit richtig zu deuten weiß.

Zit. nach: http://wikipedia.de, 10.6.2007.

IV Mf **Die ‚Osterbotschaft': Erlass Kaiser Wilhelms II. vom 7. April 1917**

Noch niemals hat sich das deutsche Volk so fest gezeigt wie in diesem Kriege. Das Bewusstsein, dass sich das Vaterland in bitterer Notwehr befand, übte eine wunderbar versöhnende Kraft aus, und trotz aller Opfer an Blut draußen im Feld und schwerer Entbehrungen daheim ist der Wille unerschütterlich geblieben, für den siegreichen Endkampf das Letzte einzusetzen. Nationaler und sozialer Geist verstanden und vereinigten sich und verliehen uns ausdauernde Stärke. Jeder empfand: was in langen Jahren des Friedens unter manchen inneren Kämpfen aufgebaut worden war, das war doch der Verteidigung wert.

Leuchtend stehen die Leistungen der gesamten Nation in Kampf und Not vor Meiner Seele. Die Erlebnisse dieses Ringens um den Bestand des Reiches leiten mit erhabenem Ernste eine neue Zeit ein. Als dem verantwortlichen Kanzler des Deutschen Reiches und Ersten Minister meiner Regierung in Preußen liegt es Ihnen ob, den Erfordernissen dieser Zeit mit den rechten Mitteln und zur rechten Stunde zur Erfüllung zu verhelfen. Bei verschiedenen Anlässen haben Sie dargelegt, in welchem Geiste die Formen unseres staatlichen Lebens auszubauen sind, um für die freie, freudige Mitarbeit aller Glieder unseres Volkes Raum zu schaffen. Die Grundsätze, die Sie dabei entwickelten, haben, wie Sie wissen, Meine Billigung. Ich bin Mir bewusst, dabei in den Bahnen Meines Großvaters, des Begründers des Reiches, zu bleiben, der als König von Preußen mit der Militärorganisation und als Deutscher Kaiser mit der Sozialreform monarchische Pflichten vorbildlich erfüllte und die Voraussetzung dafür schuf, dass das deutsche Volk in einmütigem, ingrimmigem Ausharren diese blutige Zeit überstehen wird.

Die Wehrmacht als wahres Volksheer zu erhalten, den sozialen Aufstieg des Volkes in allen seinen Schichten zu fördern, ist vom Beginn Meiner Regierung an Mein Ziel gewesen. Bestrebt, in fest bewahrter Einheit zwischen Volk und Monarchie dem Wohle der Gesamtheit zu dienen, bin Ich entschlossen, den Ausbau unseres inneren politischen, wirtschaftlichen und sozialen Lebens, so wie es die Kriegslage gestattet, ins Werk zu setzen.

Noch stehen Millionen Volksgenossen im Felde, noch muss der Austrag des Meinungsstreites hinter der Front, der bei einer eingreifenden Verfassungsänderung unvermeidlich ist, im höchsten vaterländischen Interesse verschoben werden, bis die Zeit der Heimkehr unserer Krieger gekommen ist und sie selbst am Fortschritt der neuen Zeit mitraten und -taten können. Damit aber sofort beim glücklichen Ende des Krieges, das, wie ich zuversichtlich hoffe, nicht mehr fern ist, das Nötige und Zweckmäßige auch in dieser Beziehung geschehen kann, wünsche Ich, dass die Vorbereitungen unverweilt abgeschlossen werden.

Mir liegt die Umbildung des preußischen Landtags und die Befreiung unseres gesamten innerpolitischen Lebens von dieser Frage besonders am Herzen. Für die Änderung des Wahlrechtes zum Abgeordnetenhaus sind auf Meine Weisung schon zu Beginn des Krieges Vorarbeiten gemacht worden. Ich beauftrage Sie nunmehr, Mir bestimmte Vorschläge des Staatsministeriums vorzulegen, damit bei der Rückkehr unserer Krieger diese für die innere Gestaltung Preußens grundlegende Arbeit schnell im Wege der Gesetzgebung durchgeführt werde. Nach den gewaltigen Leistungen des ganzen Volkes in diesem furchtbaren Kriege ist nach Meiner Überzeugung für das Klassenwahlrecht in Preußen kein Raum mehr. Der Gesetzentwurf wird ferner die unmittelbare und geheime Wahl der Abgeordneten vorzusehen haben.

Die Verdienste des Herrenhauses und seine bleibende Bedeutung für den Staat wird kein König von Preußen verkennen. Das Herrenhaus wird aber den gewaltigen Anforderungen der kommenden Zeit besser gerecht werden können, wenn es in weiterem und gleichmäßigerem Umfange als bisher aus den verschiedenen Kreisen und Berufen des Volkes führende, durch die Achtung ihrer Mitbürger ausgezeichnete Männer in seiner Mitte vereinigt.

Ich handle nach den Überlieferungen großer Vorfahren, wenn Ich bei der Erneuerung wichtiger Teile unseres festgefügten und sturmerprobten Staatswesens einem treuen, tapferen, tüchtigen und hoch entwickelten Volk das Vertrauen entgegenbringe, das es verdient.

Ich beauftrage Sie, diesen Erlass alsbald bekanntzugeben."

Zit. nach: http://www.dhm.de, 10.6.2007.

IV Mf **Auszug aus der Rede des Abgeordneten Friedrich Ebert (SPD) im Reichstag am 5. April 1916, betreffend die staatsbürgerliche Gleichberechtigung nach dem Kriege**

In der Thronrede steht unter anderem auch der Satz: ‚In dem ungeheuren Erleben dieses Krieges wird ein neues Geschlecht groß.' Ich will den Sinn dieses Satzes dahingestellt sein lassen; ich bin aber der festen Überzeugung: die Massen, die von den Schützengräben heimkehren, werden getragen sein von starkem Selbstbewusstsein; sie werden erfüllt sein von dem festen Willen, dass der Staat, für den sie ihr Leben in die Schanze geschlagen haben, nicht die Verwaltungsmaschine einer kleinen bevorrechteten Klasse sein darf. Meine Herren, dieses neue Schützengrabengeschlecht, das in langen Monaten in Kampf und Gefahr gemeinsam dem Tode ins Auge geschaut hat, dem Tode, der keine Klassen und keine Ausnahmen kannte, – dieses neue Schützengrabenschlecht lässt sein politisches Leben nicht wieder in die Drahtverhaue des Dreiklassensystems hineinzwingen. […] Das neue Geschlecht verlangt Freiheit und staatsbürgerliche Gleichberechtigung, und es wird, wenn es sein muss, sie zu erkämpfen wissen. Deshalb muss die Friedensstunde die Stunde der staatsbürgerlichen Gleichberechtigung sein.

Zit. nach: Michaelis, Herbert; Schraepler, Ernst (Hrsg.): Ursachen und Folgen. Vom deutschen Zusammenbruch 1918 und 1945 bis zur staatlichen Neuordnung Deutschlands in der Gegenwart. Bd. I. Die Wende des Weltkrieges und der Beginn der innerpolitischen Wandlung 1916/1917. Berlin 1958. S. 310f.

IV Mf Auszug aus dem Gründungsmanifest der USPD vom 8. April 1917

Genossen und Genossinnen!

Das Sehnen vieler Tausender von Kämpfern in den Reihen des Proletariats ist erfüllt. Die auf dem Boden der Opposition stehenden Kreisvereine und Gruppen der deutschen Sozialdemokratie haben sich Ostern 1917 in Gotha eine Organisation geschaffen, um ihre Kräfte nicht zu verzetteln, sondern sie zu wuchtiger Beteiligung im Dienste des proletarischen Befreiungskampfes zusammenzufassen. [...]

Schon vor dem Kriege waren in unserer Partei scharfe Gegensätze aufgetaucht zwischen den Genossen, die an dem alten Charakter der Sozialdemokratie festhielten, und neu auftretenden Elementen, die dem Gedanken der internationalen Solidarität der Proletarier nationalsoziale Zwecke und die der Taktik unversöhnlicher Opposition die Taktik des Nationalliberalismus entgegenzusetzen suchten. Der Weltkrieg hat diese Gegensätze ungemein vertieft und die nationalsozialen und nationalliberalen Bestrebungen in den offiziellen Vertretungen und Organen der deutschen Sozialdemokratie zur Herrschaft gebracht. [...]

Das Proletariat kann aber nicht warten. Der Krieg bringt rascheste Konzentration des Kapitals, rapides Schwinden des Mittelstandes, ungeheure Vermehrung des Proletariats, das nach dem Kriege einen Kampf gegen Teuerung und Arbeitslosigkeit, gegen übermächtige Unternehmerverbände und erdrückende Steuerlasten aufs Schärfste zu führen haben wird. Einen Kampf, der heute schon einsetzt.

Es gilt sich zu wappnen für die großen Kämpfe der Zukunft, es gilt Kraft zu gewinnen, um der Not der Gegenwart gegen zu steuern. Das erheischt gründliche Umgestaltung des herrschenden Regierungssystems. Sache der Massen ist es, nicht nachzulassen, bis sie das erreicht haben.

Der Volkswille muss oberstes Gesetz werden.

Dringend geboten ist eine Amnestie für alle aus politischen Gründen Verhafteten und Verurteilten. Erforderlich ist die Aufhebung der Zensur, unbeschränkte Freiheit des Vereins- und Versammlungsrechtes sowie der Presse, Sicherung des Koalitionsrechtes, Aufhebung aller Ausnahmegesetze, insbesondere gegenüber den Landarbeitern, den Staatsarbeitern und dem Gesinde, weitgehender Arbeiterschutz, namentlich Achtstundentag. Unaufschiebbar ist ferner die Einführung des allgemeinen, gleichen, geheimen und direkten Wahlrechts aller Erwachsenen vom 20. Jahre an für den Reichstag, die Parlamente der Einzelstaaten, der Gemeindevertretungen und für die sonstigen Körperschaften der Selbstverwaltung.

Wir fordern das Wahlrecht für die Frauen ebensowohl wie für die Männer. Der Krieg hat den Frauen die Hauptarbeit an der Produktion aufgebürdet, die Not der Zeit zwingt jetzt die Frauen hinein in die Vorderreihen des politischen Kampfes, in den Kampf um Schutzbestimmungen, aber auch um politische Rechte und um die Neugestaltung von Staat und Gesellschaft. Die Frauen des Proletariats, deren Herzen als Gattinnen und Mütter von dem Massenelend doppelt zerrissen werden, die sozialistischen Frauen sind es denn auch, die, das Gebot der Zeit untrüglich erkennend, sich mit Leidenschaft hineinstürzen in den Kampf für Recht, für Freiheit, für Brot und für den Frieden.

Für Frauen und Männer in gleicher Weise gilt heute mehr als je der Satz, dass die Befreiung der Arbeiterklasse nur durch die Arbeiter selbst errungen werden kann.

Genossinnen und Genossen, ans Werk! Ihr habt große Aufgaben zu erfüllen!

Zit. nach: Michaelis, Herbert; Schraepler, Ernst (Hrsg.): Ursachen und Folgen. Vom deutschen Zusammenbruch 1918 und 1945 bis zur staatlichen Neuordnung Deutschlands in der Gegenwart. Bd. I. Die Wende des Weltkrieges und der Beginn der innerpolitischen Wandlung 1916/1917. Berlin 1958. S. 303 ff.

IV Mf Auszug aus dem Tagebuch des Matrosen Richard Stumpf, 31. Juli bis 2. August 1917

Wenn ich berufen wäre, über die augenblickliche Stimmung der Flottenbesatzung ein Urteil abzugeben, so würde es im ärztlichen Diagnosestil etwa folgendermaßen lauten: Hochgradige Erregung, hervorgerufen durch gänzlichen Mangel an Vertrauen zu den Vorgesetzten; Zustände der fixen Idee, dass der Krieg nur im Interesse der Offiziere geführt und verlängert wird, und heftige Zornesausbrüche infolge des Umstandes, dass die Mannschaft hungert und darbt, während die Offiziere schlemmen und im Gelde schwimmen.

Ist es da ein Wunder, wenn die Leute endlich das unfehlbare Mittel der Auflehnung ergreifen, um ihre bedrängte Lage zu verbessern? Soviel mir bis jetzt sicher bekannt ist, war der Aufstand auf den Schiffen der Kaiserklasse am heftigsten, besonders auf ‚Prinzregent Luitpold' und ‚König Albert'. Auf letzterem Schiffe scheint die Hauptschuld beim K[ommandanten] zu liegen. Er ließ einen Heizer in Untersuchungshaft bringen, weil er Abonnenten für den „Vorwärts" gesammelt hatte. Infolge des einmütigen Verlangens zweier Heizerwachen musste er denselben jedoch freigeben. Am nächsten Morgen wurde der Kommandant vermisst, und später fand man seine Leiche bei der Netzsperre treibend [...]. Niemand weiß, was geschehen, ob Mord, Selbstmord oder Unglücksfall. Jedenfalls ein Menetekel für alle ändern.

Am Freitag früh war Kommandanten-Sitzung auf der „Posen". In derselben wurden die unangenehmen Vorfälle besprochen. Nach derselben ließ uns der Kommandant auf der Schanz antreten und gab uns einige Aufklärungen. Es sind da, so begann er, auf einem Schiffe, dem ‚Prinzregent Luitpold', Dinge vorgekommen, die höchst bedauerlich sind. Dort sollte vor drei Tagen eine Wache ins Theater geführt werden. Jedoch konnte die Ausführung aus irgendeinem Grunde nicht stattfinden. Dann wurde ein Kino bestellt. Aber hier war der Apparat unklar, als man anfangen wollte. Da nun nichts mehr anzufangen war, sollte das Programm dieses Tages mit dem folgenden vertauscht werden. Es wurde zum großen Exerzierplatz marschiert, um dortselbst eine ‚militärische Übung' vorzunehmen. Ein großer Teil der Leute weigerte sich und entfernte sich eigenmächtig von dort. Im Laufe des Tages wurden dann beim Fort Schaar etwa 350 Mann gefunden. Sie hatten dort gelagert, waren hungrig und kehrten an Bord zurück. Wir haben Beweise, dass ausländische Agenten (höhnisches Gemurmel) dabei im Werke sind. Es ist höchst traurig, dass ihr Euch in einer Zeit dazu hergebt, wo Eure Brüder in Flandern zu Tausenden fürs Vaterland sterben, und unten in Galizien dabei sind, den letzten Russen aus dem Land zu jagen. Das ist es ja, was unsere Feinde wollen, was ihnen auf dem ehrlichen Schlachtfeld nicht gelingt, soll der innere Zwist und Hader schaffen. Einesteils können mir die bedauernswerten verführten Leute leidtun, sie wird jetzt die ganze Strenge des Gesetzes treffen. Wegtreten! – Also die Engländer sind wieder die Schuldigen. Einfach lächerlich, diese Auffassung! Diese Herren haben keine Ahnung, wie riesengroß das Schuldkonto ist, welches sie gehäuft haben. Die Feinde sind's!! Ich muss sagen, eine sehr bequeme Ausrede. So heißt's immer, auch wenn im Lande etwas los ist. Man möchte lachen, wenn es nicht so bitter ernst wäre. Es müssen scheinbar wieder einmal Köpfe fliegen, um diesen Leuten das Bewusstsein der Schuld vor Augen zu führen. Es ist doch ein Jammer, dass ein so tüchtiges und braves Volk wie das deutsche so miserabel geführt wird. Könnte ich doch mit der Faust dreinschlagen und dieses feile Gesindel, das seine eigenen Volksgenossen verführt und verbittert macht, von der Erde verschwinden lassen. Ist denn wirklich keiner da, zu welchem ein freies glückliches Volk voll Vertrauen und Stolz blicken kann? Selbst das reine Bild und die edlen Absichten des Kaisers werden entstellt und verzerrt durch die bösen Werke seiner Diener und ‚Getreuen'. Volkskaiser, ich rufe dich!

Zit. nach: Michaelis, Herbert; Schraepler, Ernst (Hrsg.): Ursachen und Folgen. Vom deutschen Zusammenbruch 1918 und 1945 bis zur staatlichen Neuordnung Deutschlands in der Gegenwart. Bd. I. Die Wende des Weltkrieges und der Beginn der innerpolitischen Wandlung 1916/1917. Berlin 1958. S. 216f.

IV Mf Brief der Besatzung des Linienschiffes ‚Westfalen' an den Kommandanten, August 1917

An den Kommandanten S. M. S. „Westfalen".

Aufgrund der letzten Ereignisse an Bord S. M. S. ‚Westfalen' sind eine Anzahl braver und tüchtiger Kameraden plötzlich in Haft genommen worden, nach unserer Ansicht vollkommen schuldlos. Wir fragen deshalb ausdrücklichst an:

1. Aus welchen Gründen werden diese Leute festgehalten?
2. Wie lange gedenkt man diese Leute noch festzuhalten?
3. Was wird mit diesen Leuten geschehen, welche übereilt festgenommen und somit unschuldig ihrer Freiheit beraubt worden sind?

Von der genauen Beantwortung dieser Fragen wird es abhängen, welche Gegenmaßregeln unsererseits getroffen werden müssen, um unsere Kameraden vor derartigen Übergriffen zu schützen. Wir bitten um Antwort innerhalb 24 Stunden Bedenkzeit in Form einer Aussprache, S. M. S. „Westfalen" Leute, welche nicht mit englischem Geld bezahlt werden, aber stets bereit sind, einer gerechten Sache zu dienen und ihren Willen durchzusetzen. Sollte unsere Hoffnung auf Beantwortung unserer Fragen sich nicht bestätigen, machen wir darauf aufmerksam, dass wir mächtig genug sind, unseren Willen zu erzwingen, wenn es sein muss, mit Gewalt. Wir bitten also dringend um Beantwortung unserer Fragen, ehe wir zu Gewaltmitteln schreiten müssen.

Zit. nach: Michaelis, Herbert; Schraepler, Ernst (Hrsg.): Ursachen und Folgen. Vom deutschen Zusammenbruch 1918 und 1945 bis zur staatlichen Neuordnung Deutschlands in der Gegenwart. Bd. I. Die Wende des Weltkrieges und der Beginn der innerpolitischen Wandlung 1916/1917. Berlin 1958. S. 217.

Mögliche Arbeitsaufträge

IV Ma Der nach dem Prinzip der Chronologie geordnete Einführungstext hat notwendigerweise eine eigene Schwerpunktsetzung. Es wären aber auch andere Schwerpunkte denkbar. Vergleichen Sie den Einführungstext mit der Chronologie in der „Enzyklopädie Erster Weltkrieg". Diskutieren Sie mögliche Gründe für die Unterschiede.

IV Mb Die Fotos und Plakate wurden in der US-amerikanischen Propaganda in den Jahren 1917/1918 verwendet. Überlegen Sie, welche Wirkung das jeweilige Bild oder Plakat beim Betrachter hervorrufen sollte.
Interpretieren Sie den Textauszug aus „Drei Soldaten" vor dem Hintergrund Ihrer Kenntnisse über den amerikanischen Kriegseintritt. Bedenken Sie dabei, dass es sich um eine literarische Quelle handelt.
Präsident Wilson verkündete 1914 die strikte Neutralität der USA. Untersuchen Sie, aus welchen Gründen sich die amerikanische Regierung 1917 dann doch zum aktiven Eintritt in den Ersten Weltkrieg entschloss.
Erläutern Sie, wie Wilson die politische Situation in Deutschland und in Russland darstellt.
Welchen Vorwurf macht George W. Norris dem Präsidenten? Bilden Sie zwei Gruppen (eine pro und eine contra), und diskutieren Sie das Für und Wider des Kriegseintritts unter Berücksichtigung der wirtschaftlichen Situation Amerikas und der evtl. Folgen, die sich aus einem Nichteintritt ergeben hätten, für die Amerikaner und für die Entente-Mächte.
Recherchieren Sie, wie die US-Regierung den Kriegseintritt innenpolitisch vorbereitete, und ob es Widerstände gegen diese Entscheidungen gegeben hat.

IV Mc Russland befand sich am Vorabend des Krieges in einer Phase der raschen Industrialisierung und zunehmender sozialer Konflikte. Interpretieren Sie vor diesem Hintergrund das Foto des Herrscherpaares aus der Sicht eines bürgerlichen Unternehmers, eines russischen Bauern fern der Hauptstadt und eines probolschewistischen Industriearbeiters.

Im Jahre 1917 führen unterschiedliche Entwicklungen an der Front, auf dem Land und in den Städten zu einer Dynamik, die schließlich in der Februar- und der Oktoberrevolution münden. Überlegen Sie, wie ein russischer Frontsoldat, ein russischer Landarbeiter und ein Industriearbeiter das Jahr 1917 empfunden haben mochten. Wo könnten Gemeinsamkeiten, wo Unterschiede bestanden haben?
Die russische Oktoberrevolution mündet u.a. in die Waffenstillstandsverhandlungen mit den Mittelmächten und schließlich im Frieden von Brest-Litowsk. Recherchieren Sie den Verlauf der Verhandlungen, Inhalt des Friedensvertrages und des Zusatzvertrages von 27. August 1918. Welche Auswirkungen hatte dies einerseits für Russland und andererseits für Deutschland?

IV Md Arbeiten Sie heraus, welche Aussagen die Quellen über den Kriegsalltag und die Kriegswahrnehmung vieler Menschen im Jahr 1917 zulassen.
Untersuchen Sie, mit welchen sprachlichen Mitteln und mit welcher Absicht der Text zur fettfreien Ernährung den Leser zu beeinflussen versucht.
Versuchen Sie, einen „Kriegskuchen" mit den genannten Zutaten herzustellen. Diskutieren Sie, welche Erkenntnisgewinne und welche Erkenntnisgrenzen mit der Lösung einer solchen sogenannten handlungsorientierten Aufgabe verbunden sind.

IV Me Analysieren Sie die Argumentationsstrategien der drei ‚Friedens'-Texte: was wird jeweils unter Friedens verstanden und welche Funktion hat der Begriff ‚Frieden' für die Argumentation.
In der Rückschau ist es einfach, die Argumente der ‚Vaterlandspartei' abzulehnen. Finden Sie vor dem Hintergrund Ihrer Kenntnisse Gründe, warum viele Menschen im Jahre 1917 diese Argumente überzeugen konnten.
Auch gegenwärtig befindet sich die Welt in einem Krieg. Manche Kommentatoren der Presse haben den so genannten ‚Krieg gegen den Terror' als den ‚Beginn des 3. Weltkrieges' bezeichnet. Nehmen Sie zu dieser These Stellung.
Der Begriff ‚Krieg gegen den Terror' stammt vom amerikanischen Präsidenten George W. Bush, der ihn nach den Angriffen auf das WTC vom 11.9.2001 prägte. Analysieren Sie das Friedensverständnis, das der Begriff impliziert.

IV Mf Skizzieren Sie mithilfe der Quellen den Zusammenhang von Krieg und sozialen Forderungen.
Analysieren Sie, in welcher Hinsicht und weshalb sich der 1914 noch bestehende gesellschaftliche Konsens im Jahre 1917 aufzulösen beginnt.

IV Mg Bei der Zusammenstellung von Bildmaterialien greifen Autoren und Verlagsredakteure häufig auf Bildagenturen im Internet zurück, wo eine große Auswahl an Abbildungen eingesehen und für eine Publikation eingekauft werden können. Viele in diesem Kapitel verwendeten Fotos wurden mit jenen Hintergrundinformationen versehen, die die jeweilige Bildagentur auf ihrer Website der Abbildung beigegeben hat. Prüfen Sie, inwieweit die Informationsauswahl für die Einordnung und Interpretation der Bildquelle ausreicht, oder ob dabei Schwierigkeiten entstehen könnten.

Zum ganzen Kapitel IV:
Verfassen Sie auf Grundlage der Materialien eine eigene Darstellung des Jahres 1917. Versuchen Sie dabei, sich vom Einführungstext und von einer rein chronologischen Struktur zu lösen und tatsächlich eine eigene Narration zu erstellen. Stellen Sie dabei Entwicklungslinien und Zusammenhänge heraus. Streben Sie aber keine Vollständigkeit an – Sie werden nicht alle Materialien einbringen können.
Lassen Sie Ihren Text von einer Mitschülerin/einem Mitschüler im Hinblick auf Schwerpunktsetzung, vorgenommene Wertungen, Auslassungen und Ergänzungen sowie Plausibilität analysieren.
Diskutieren Sie die Bedeutung der Ereignisse ‚Kriegseintritt der USA' und ‚Russische Revolution' im Vergleich mit den anderen Ereignissen des Jahres 1917. Überprüfen Sie dabei den Begriff ‚Epochenjahr'.
Diskutieren Sie die mögliche Relevanz, die ein umfassendes Wissen über die beiden ‚Epochenereignisse' des Jahres 1917 für Sie persönlich haben kann.
Bei einigen Materialien sind als Fundort lediglich Internetseiten angegeben. Informieren Sie sich über die Internetseiten und problematisieren Sie dieses Verfahren der Informationsgewinnung für den historischen Erkenntnisprozess.

V Ausblick: 1917 und die Folgen

Zwei kühl kalkulierte Pläne hatte die deutsche OHL im Jahre 1917 umgesetzt, die beide in ihrer Konsequenz dazu führten, dass 1917 zum ‚Epochenjahr' werden konnte: Den uneingeschränkten U-Boot-Krieg mit dem Ziel, Englands Seemacht zu schwächen und die Blockade zu brechen sowie den Transport des Revolutionärs Lenin nach Russland mit der Absicht einer Destabilisierung des östlichen Gegners und Erzielung eines Separatfriedens.

Der erste Plan führte mittelbar zum Kriegseintritt der USA und war damit eine schwere diplomatische und militärische Fehlkalkulation. Zwar waren sowohl die Soldaten der „American Expeditionary Force" (AEF) als auch ihre militärischen Führer unerfahren und bezahlten diese Unerfahrenheit in den Kampfeinsätzen ab 1918 mit überdurchschnittlichen Verlusten; der Krieg war damit für die Mittelmächte aber dennoch endgültig nicht mehr zu gewinnen. Dem durch den amerikanischen Kriegseintritt bewirkten Zuwachs an Menschen, Material und Wirtschaftskraft für die Entente konnten die im fünften Kriegsjahr in jeder Hinsicht erschöpften Mittelmächte nichts Gleichwertiges mehr entgegenstellen. Mit dem „Vierzehn-Punkte-Programm", in dem der amerikanische Präsident Wilson am 8. Januar 1918 die Bedingungen für einen allgemeinen Frieden auf Grundlage der freien Selbstbestimmung der Völker formulierte, hatten die Gegner der Mittelmächte zugleich auch die Diskurshoheit über die Gestaltung einer möglichen Nachkriegsordnung gewonnen. Die starre Siegfriedenmentalität der deutschen Führung wirkte dagegen negativ in der Weltöffentlichkeit. Zugleich war die Forderung nach Selbstbestimmung der Völker auch der Sprengsatz für die Einheit des Vielvölkerstaats Österreich-Ungarn.

Der ‚Lenin-Coup' ging jedoch auf. Der im Dezember 1917 ausgehandelte Waffenstillstand zwischen Russland und den Mittelmächten mündete nach längeren, durch kurze kriegerische Handlungen unterbrochenen Verhandlungen am 3. März 1918 in den Friedensvertrag von Brest-Litowsk. Russland trat, um den für die Etablierung der Oktoberrevolution dringend benötigten Frieden zu erhalten, hierin das heutige Polen, das Baltikum, Finnland und die Ukraine an die Mittelmächte ab. Die Mittelmächte erfuhren so plötzlich einen erheblichen Gebietszuwachs, der ihnen die Rohstoffzufuhr erleichterte, zugleich aber Truppen zur Kontrolle des erworbenen Landes entzog. Im März und April 1918 stießen deutsche Truppen im Rahmen der Gebietssicherung bis zum Kaukasus vor.

V Ma **„The Signing of Peace in the Hall of Mirrors, Versailles, 28th June 1919"**, William Orpen, 1921, Öl auf Leinwand, 152 × 127 cm.

V Ma „Der Waffenstillstand“. Aquarell von André Fraye (1888–1963), 1918, 43 × 35 cm

Möglicherweise fehlten diese Truppen bei den deutschen Frühjahrsoffensiven an der Westfront, mit denen die OHL ab März 1918 unter Aufbringung der letzten Kräfte einen verzweifelten Versuch wagte, den Stellungskrieg aufzubrechen, bevor die amerikanischen Truppen in voller Stärke in die Kämpfe hätten eingreifen können. Die anfänglichen Durchbruchserfolge führten aber zu keinen weiteren Ergebnissen, da es an personellem Nachschub und an einer klaren Strategie mangelte, mit denen Durchbrüche hätte genutzt werden können. Nach erfolgreichen alliierten Gegenoffensiven von Juli bis September im Westen, an denen sich auch die AEF beteiligte, forderte die OHL die Aufnahme von Waffenstillstandsverhandlungen. Obgleich die deutschen Truppen noch überall in ‚Feindesland‘ standen, waren sie strategisch wie materiell besiegt und nicht mehr handlungsfähig. Am 4./5. Oktober 1918 bat die deutsche Regierung schließlich auf Grundlage des Vierzehn-Punkte-Programms Wilsons um Waffenstillstand. Am 11. November, einen Tag nach der Flucht Wilhelms II. ins holländische Exil, zwei Tage nach der Ausrufung der Deutschen Republik wurde im Wald von Compiègne der Waffenstillstand unterschrieben. In allen Siegernationen wurde der Waffenstillstand mit überbordender Begeisterung gefeiert.

Endgültig beendet wurde der Krieg zwischen Deutschland und den Siegermächten durch den Vertrag von Versailles am 28. Juni 1919. Österreich, Ungarn und die Türkei schlossen in weiteren Pariser Vororten eigene Friedensverträge mit den Alliierten. Deutschland wurde die Alleinschuld am Krieg zugesprochen, entmilitarisiert, verlor nicht unerhebliche Teile seines Vorkriegsstaatsgebiets, alle Erwerbungen aus dem Vertrag von Brest-Litwosk sowie die Kolonien und wurde zu hohen Reparationszahlungen verpflichtet. Aus den Härten des Versailler Vertrages und der Weigerung der alten Eliten, ihre Verantwortung für das Desaster des Krieges zu übernehmen und die Demokratie zu akzeptieren, erwuchsen der jungen Republik so von Beginn an Belastungen, denen sie sich 1933 als nicht mehr gewachsen erweisen sollte. Insbesondere Ludendorff und Hindenburg, die als Leiter der OHL mit am Ende diktatorischen Vollmachten für die militärische Niederlage verantwortlich waren, bürdeten der Republik mit der ‚Dolchstoßlegende‘ eine schwere Hypothek auf.

V Mb Französischer Soldatenfriedhof vor dem Beinhaus von Douaumont auf dem Schlachtfeld von Verdun. Jedes der 15000 Gräber wurde mit einer eigens gezüchteten roten Rose bepflanzt.

5

V Mc Revolutionstruppen stürmen das Winterpalais. Szene aus dem Film „Oktjabr: Desjat dnei, kotoryje potrjasli mir“ (Oktober 1917 – Zehn Tage, die die Welt erschütterten) von Sergej Eisenstein, 1927

V Ma Lenin verkündet die Sowjetmacht im erstürmten Winterpalais. Gemälde von Vladimir Serov (1910–1968), 1947. Hinter Lenin die drei Parteigrößen Stalin, Kalinin und Ordschonikidse. 1957 musste Serov, wie mehrere seiner Gemälde, das Bild noch einmal malen – ohne Stalin.

In den Jahren nach dem Krieg konnte die Verarbeitung der Ereignisse beginnen. Eine unüberschaubare Zahl an geschichtskulturellen Produkten widmete sich dem Ereignis. Zum Andenken an die Toten wurden in allen beteiligten Nationen Denkmäler und Monumente errichtet und zum Teil riesige Soldatenfriedhöfe angelegt. Eine Flut an belletristischer, journalistischer und wissenschaftlicher Weltkriegsliteratur wurde produziert, und wer noch heute aufmerksam Flohmärkte durchstöbert, bekommt durch die Menge noch immer dort angebotener Bücher der Zwischenkriegszeit eine Ahnung davon, welche Bedeutung die erklärende, sinngebende Rückschau auf den Krieg für die Zeitgenossen im Prozess der Verarbeitung der Ereignisse gehabt haben muss. Auch das Medium Film nahm sich des Themas intensiv an und wirkte so daran, die visuelle Erinnerung an den Krieg zu steuern und bestimmte Geschichtsbilder zu formen.

Im Jahre 1917 betraten – mit ungewollter deutscher Mithilfe – zwei Staaten die ‚Weltbühne‘, deren Antagonismus einen großen Zeitraum des 20. Jahrhunderts prägte. Die europäischen Großmächte, die die Jahrhunderte zuvor die Weltgeschehnisse diktiert hatten, waren im Ersten Weltkrieg ausgeblutet. Die USA und die UdSSR sollten ihre Rolle einnehmen. Die USA standen dabei in ihrem eigenen Verständnis für die Werte der freiheitlichen Demokratie und des unbehinderten Welthandels, die UdSSR für den auch gewalttätigen Export der sozialistischen Revolution mit dem Ziel einer im Kommunismus vorgeblich von den Zwängen der Ausbeutung befreiten Menschheit.

Zum ersten Mal trat der Konflikt zwischen kapitalistischem Amerika und der sozialistischen Sowjetunion im überaus brutalen und verlustreichen russischen

Die europäische Staatenwelt 1922

Bürgerkrieg von 1918/1920 zu Tage, in denen amerikanische Truppen aktiv, wenngleich vergeblich die konterrevolutionären ‚weißen' Einheiten gegen die ‚Roten' unterstützten. Im Zweiten Weltkrieg kämpften USA und Sowjetunion zwar gemeinsam gegen das nationalsozialistische Deutschland, doch nur kurz nach dem Sieg 1945 brachen die ideologischen Gegensätze umso klarer zu Tage. Der ‚Kalte Krieg' zwischen beiden ‚Supermächten' führte zur deutschen Teilung im Rahmen der Aufsplitterung der Welt in ‚West' und ‚Ost', zum nuklearen Wettrüsten, zu ‚Stellvertreterkriegen' in Afrika, Asien, Süd- und Mittelamerika und im Jahre 1962 während der Kubakrise beinahe zum Atomkrieg, der dann sicher der letzte Krieg der Menschheit gewesen wäre. Erst mit der Öffnung der UdSSR unter Michail Gorbatschow konnte eine Annäherung beider ‚Supermächte' beginnen.

Trotz der Ereignisse der Jahre 1989 ff., in denen die deutsche Wiedervereinigung erfolgte, sich die ehemaligen sozialistischen ‚Bruderstaaten' in Ost- und Mitteleuropa, die tatsächlich nur sowjetische Vasallenstaaten waren, befreien konnten, die Sowjetunion in zahlreiche neue Staaten zersplitterte und so die ideologischen Gegensätze entfielen, ist das Erbe des amerikanisch-sowjetischen Antagonismus aber noch immer spürbar. Auch wenn Russland mittlerweile eine ‚gelenkte', marktwirtschaftlich orientierte, territorial verkleinerte Demokratie ist, bleibt auch das 21. Jahrhundert von dem seit 1917 andauernden Interessensgegensatz der beiden noch immer mächtigsten Staaten der Erde geprägt.

Mögliche Arbeitsaufträge

V Ma Bilder wie jene über die Unterzeichnung des Friedensvertrags in Versailles oder von Lenin während der Oktoberrevolution versuchten nach 1918, die Erinnerung an historische Ereignisse in gewünschte Bahnen zu lenken, indem ihr künstlerischer Realismus eine allerdings nur scheinbare Authentizität von Darstellung und vergangenem Ereignis vortäuschte.
Analysieren Sie die Bilder hinsichtlich ihrer Komposition (Farbe, Bildaufteilung), ihrer Ikonographie (gr. graphein = schreiben, gr. eikon = Bild; Ikonographie = genaue Beschreibung der Einzelheiten), ihrer Ikonologie (gr. logos = Sinn, Geist; Ikonologie = genaue Deutung der Einzelheiten) und schließlich ihrer Gesamtaussageabsicht. Diskutieren Sie im Anschluss daran den Quellenwert der Bilder.

V Mb Das Beinhaus auf dem Schlachtfeld von Verdun und der dazugehörige Friedhof zählen zu den wichtigsten nationalen Erinnerungsstätten Frankreichs. Die meisten am Krieg beteiligte Nationen entwickelten für die Ruhestätten eine eigene Form von Erinnerungskultur (Frankreich z. B. weiße Steinkreuze mit roter Rose). Recherchieren Sie die nationale Gedenkkultur des Deutschen Reiches in Form von Soldatenfriedhöfen und diskutieren Sie, welche Wirkung damit in der Zeit zwischen den beiden Weltkriegen erzielt worden sein könnte.

V Mc Das Foto wurde in vielen älteren Schulbüchern häufig nur mit dem Hinweis „Sturm auf das Winterpalais“ abgebildet. Ein Hinweis darauf, dass es sich um eine Aufnahme aus einem Spielfilm handelt, fehlte. Diskutieren Sie, wie sich durch das Fehlen bzw. Hinzufügen dieser Information der Charakter der Quelle ändert.

Zum ganzen Kapitel V:
Der Erläuterungstext dieses Kapitels hat viele weitere Entwicklungen der Jahre nach 1917 nur anreißen können. Vertiefen Sie daher Ihre Kenntnisse mit Hilfe der weiterführenden Literatur: Entwicklung der Westfront 1918, Ausrufung der Republik, Wilhelm II. im Exil, Russischer Bürgerkrieg, 14-Punkte-Programm, Pariser Vorortverträge, ‚Dolchstoßlegende‘, ‚Kalter Krieg‘, ‚Kubakrise‘.
Auch der Erläuterungstext dieses Kapitels ist von teils deutlichen, teils impliziten Wertungen des Autors geprägt. Finden Sie Schlüsselwörter, anhand derer Sie das vom Autor vermittelte Geschichtsbild zu folgenden Gegenständen erkennen können: Vertrag von Versailles, OHL, ‚Supermächte‘ USA und UdSSR.

Literaturtipps

- Arand, Tobias (Hrsg.): Die Urkatastrophe als Erinnerung. Geschichtskultur des Ersten Weltkriegs. Münster 2006 (= Geschichtskultur und Krieg 1)
- Beil, Christine: Der Erste Weltkrieg. Reinbek 2006
- Berghahn, Volker: Der Erste Weltkrieg. München 2004
- Burgdorff, Stephan/Wiegrefe, Klaus (Hrsg): Der Erste Weltkrieg. Die Urkatastrophe des 20. Jahrhunderts. München 2004
- Cickering, Roger: Das Deutsche Reich und der Erste Weltkrieg. München 2002
- Geschichte lernen, Heft 108, ‚Erster Weltkrieg' (2005)
- Grevelhörster, Ludger: Der Erste Weltkrieg und das Ende des Kaiserreichs. Geschichte und Wirkung. Münster 2004
- Hamann, Brigitte: Der Erste Weltkrieg. Wahrheit und Lüge in Bildern und Texten. München, Zürich 2004
- Holzer, Anton: Die andere Front. Fotografie und Propaganda im Ersten Weltkrieg, Darmstadt 2007.
- Howard, Michael: Kurze Geschichte des Ersten Weltkriegs. München 2004
- Hirschfeld, Gerhard/Krumeich, Gerd/Renz, Irina (Hrsg.): Enzyklopädie Erster Weltkrieg. Paderborn 2003
- Jürgs, Michael: Der kleine Frieden im großen Krieg. Westfront 1914: Als Deutsche, Franzosen und Briten gemeinsam
- Weihnachten feierten. München 2003
- Keegan, John: Der Erste Weltkrieg. Eine europäische Tragödie. München 2000
- Mommsen, Wolfgang: Die Urkatastrophe Deutschlands. Der Erste Weltkrieg 1914–1918 (= Handbuch der deutschen
- Geschichte 17). Stuttgart 2002
- Neitzel, Sönke: Blut und Eisen. Deutschland im Ersten Weltkrieg. Zürich 2003
- Rother, Rainer (Hrsg.): Die letzten Tage der Menschheit. Bilder des Ersten Weltkrieges, Berlin 1994 [Ausstellungskatalog des Deutsches Historisches Museum Berlin]
- Ders. (Hrsg.): Der Weltkrieg 1914-1918. Ereignis und Erinnerung. Wolfratshausen 2004 [Ausstellungskatalog Deutsches Historisches Museum Berlin]
- Salewski, Michael: Der Erste Weltkrieg. Paderborn 2002
- Spilker, Rolf/Ulrich, Bernd (Hrsg.): Der Tod als Maschinist. Der industrialisierte Krieg 1914–1918, Bramsche 1998 [Ausstellungskatalog Museum Industriekultur Osnabrück]
- Stevenson, David: Der Erste Weltkrieg. Düsseldorf 2006
- Strachan, Hew: Der Erste Weltkrieg. München 2004
- Ulrich, Bernd/Ziemann, Benjamin (Hrsg.): Krieg im Frieden. Die umkämpfte Erinnerung an den Ersten Weltkrieg. Frankfurt a. M. 1997

Internettipps

- Mémorial de Verdun [Museum zur Geschichte der Schlacht von Verdun]
www.memorial-14-18.com
- Historial de la Grande Guerre [Museum zur Geschichte der Sommeschlacht]
www.historial.org
- In Flanders Fields Museum Ypern [Museum zu den Flandernschlachten in Ypern]
www.inflandersfields.be
- Imperial War Museum [Britisches Armeemuseum in London und Manchester]
www.iwm.org.uk
- Bayerisches Armeemuseum Ingolstadt [In der Reduite Tilly größte deutsche Sammlung zum Ersten Weltkrieg]
www.bayerisches-armeemuseum.de
- Canadian War Museum/Musée Canadien de la Guerre Ottawa [Kanadisches Armeemuseum]
www.warmuseum.ca
- Australian War Memorial [Australisches Armeemuseum Canberra]
www. awm.org.uk
- Heeresgeschichtliches Museum Wien
www.hgm.org.at
- Militärhistorisches Museum der Bundeswehr Dresden
www.militaerhistorisches-museum.bundeswehr.de
- Musée de l'Armée Paris [Armeemuseum Paris]
www.invalides.org
- The National World War One Museum Kansas City [Amerikanisches Nationalmuseum zum Ersten Weltkrieg]
www.libertymemorialmuseum.org
- Army Museum Waioru [Neuseeländisches Armeemuseum]
www.armymuseum.co.nz
- Koninklijk Museum van het Leger en de Krijgsgeschiedenis/Musée Royal de l'Armée et de l'Histoire militaire [Belgisches Armeemuseum Brüssel]
www.klm-mra.be
- Volksbund Deutsche Kriegsgräberfürsorge [Übersicht über deutsche Soldatenfriedhöfe aus beiden Weltkriegen]
www.volksbund.de
- Commenwealth War Graves Commission, [Übersicht über britische Soldatenfriedhöfe weltweit]
www.cwgc.org

- Talbot House Poperinge [ehemalige englische Soldatenunterkunft in Flandern, die noch heute als Gruppenunterkunft gebucht werden kann, angeschlossen ein Museum] [Geheimtipp!!]
  www.talbothouse.be
- Infoportal zum Ersten Weltkrieg
  www.erster-weltkrieg.clio-online.de
- Datenbank zum Thema Kriegsfilme des Erich Maria Remarque-Friedenszentrums Osnabrück
  www.krieg-film.de
- Arbeitskreis Militärgeschichte [mit Publikationen der führenden deutschen Forscher zum Ersten Weltkrieg]
  www.akmilitaergeschichte.de

Filmtipps

- All Quiet on the Western front, USA 1930, Remake USA 1979 [Verfilmung des Romans ‚Im Westen Nichts Neues' von Erich Maria Remarque]
- Berge in Flammen, Deutschland 1931 [Alpenkrieg mit Luis Trenker]
- Der Untertan, DDR 1951 [Verfilmung des Romans von Heinrich Mann]
- Flyboys, F, USA 2006 [Luftkrieg, interessant wegen seiner Distanzlosigkeit]
- Gallipoli, Australien 1981 [Spielfilm über die nutzlose Gallipoli-Offensive der ANZAC-Truppen]
- Great Guns, USA 1941 [mit Stan Laurel und Oliver Hardy sive ‚Dick und Doof']
- Hell's Angels, USA 1931 [bahnbrechender Film über den Luftkrieg]
- J'accuse, F 1919 von Abel Gance [Tonfilmremake 1939]
- Johnny Got His Gun, USA 1971 [einziger Antikriegsfilm, der den Namen verdient. Unter Verzicht auf Kampfszenen werden das Dahinvegetieren und der innere Monolog eines verwundeten Kriegsfreiwilligen erzählt, der ohne Beine, Arme, Augen und Mund leben muss]
- Journey's End, UK 1930 [Schilderung des Alltags im Schützengraben]
- Joyeux Noel - Merry Christmas, F, D 2005 [Unglaubwürdige Schilderung einer Episode aus dem ‚Weihnachstfrieden' 1914]
- Kreuzer Emden, D 1932, Deutsche Heldenverklärung
- La grande Illusion, F 1937 [Meisterwerk Jean Renoirs über den Sieg des Humanen über Nationalismus und Kriegshetze]
- Lawrence of Arabia, UK 1962 [Wüstenkrieg 1917]
- Morgenrot, D 1933 [Wieder deutsche Heldenverehrung, U-Boot-Krieg]
- Niemandsland, D 1931 [pazifistischer Film, im Dritten Reich verboten]
- Oh!! What a Lovely War, UK 1969 [Preisgekrönte Satire]
- Oktjabr, UdSSR 1927 [Sergej Eisensteins Darstellung der Oktoberrevolution zum 10. Jahrestag]
- Path of Glory, USA 1957 [mit Kirk Douglas als französischer Offizier im Zwiespalt zwischen Befehl und Gewissen
- Un Long Dimanche de Fiancailles, F, USA 2004, in Deutschland als ‚Mathilde - Eine große Liebe' im Kino, kunstvoller Film mit vertrackter Geschichte]
- Urlaub auf Ehrenwort, D 1937 [geschickter Propagandafilm über das Thema ‚Pflicht und Gehorsam']
- The Big Parade, USA 1925 [amerikanischer Kriegsfreiwilliger verliebt sich in Frankreich, aufwendige und technisch innovative Schlachtenszenen]
- The Blue Max, UK 1966 [Luftkrieg und Jagd nach einem Orden]
- The Red Baron, USA 1971 [Leben und Sterben Manfred von Richthofens]
- Westfront 1918, D 1930, pazifistischer Film [im Dritten Reich ebenfalls verboten]